95 Theses

Martin Luther

Martin Luther
95 Theses

초판1쇄   2019.10.31.
지은이   마르틴 루터
옮긴이   최주훈
편 집   이영욱 이지혜
발행인   이영욱

발행처   감은사
전 화   070-8614-2206
팩 스   050-7091-2206
주 소   서울시 강동구 암사동 아리수로 66, 401호
이메일   editor@gameun.co.kr

ISBN   9791190389006
정 가   8,300원

이 도서의 국립중앙도서관 출판예정도서목록(CIP)은 서지정보유통지원시스템
홈페이지(http://seoji.nl.go.kr)와 국가자료종합목록시스템(http://www.nl.go.
kr/kolisnet)에서 이용하실 수 있습니다. (CIP제어번호 : CIP2019040671).

마르틴 루터 95개 논제

마르틴 루터 지음
최주훈 옮김·해제·주

역자 서문:
해제를 겸하여

마르틴 루터(Martin Luther, 1483-1546)의 '95개 논제'(1517.10.31.)는 종교개혁의 신호탄으로 상징된다. 95개 논제의 중요성은 종교개혁 이야기 나올 때마다 빠지지 않고 사람들 입에 오르내릴 정도로 교회역사에서 그리고 신학적으로 막강하다. 그러나 역설적으로 '가장 유명한 문서, 그러나 가장 안 알려진 문서'라는 별칭이 붙어있을 정도로, 실제로 읽어 보았거나 그 내용을 이해하고 있는 사람은 그리 많지 않다.

이 문서의 출현은 로마의 베드로 대성당 건축을 위해 발행된 교황의 사면증 판매에 질문을 던지고, 그 자리에 종교개혁 사상을 전개한 교회사의 분기점이 되었다. 그러나 루터가 처음부터 혁명적인 개혁을 겨냥했던 것은 아니다. 이 문서는 전투

적인 성명서가 아니라 대학 사회에서 토론을 위해 준비된 논
제이며, 완성된 교리의 설명이나 반박문이 아니라 현실에 대
한 진지한 물음이었다. 하지만 결과적으로 이 문서는 폭풍의
뇌관을 개방한 것처럼 유럽을 논쟁과 개혁의 소용돌이로 밀어
넣었다. 루터가 여기서 다루는 주제는 회개의 신학적 의미, 교
황의 권위, 사면증의 효력과 한계, 사도 계승권, 연옥 문제 등
교회론에 관한 전방위적인 문제들이었다.

루터는 당시 대학에서 통용되던 수사학적 구조를 따라 이
문서의 논제를 구성했는데, 학문적 급진성으로만 따지면 1517
년 9월 4일에 작성한 "스콜라 신학 반박문"에 비해 온건한 문
서가 분명하다. 그럼에도 불구하고 이 글이 폭발력을 갖게 된
것은 시대적 열망, 루터의 목회적 열정, 수사학적 논리 구조라
는 삼박자가 조화를 이루었기 때문이다.[1]

교황이 발행하는 사면증은 고해성사라는 로마교회의 성례
전 맥락에서 이해된다. 중세 성례전 신학에 따르면, 죄는 죄책
감(罪責感)으로 불리는 '죄의식'(culpa, guilt)과 그 죄에 따른 책임인
'형벌'(poena, punishment)을[2] 낳는다. 죄의식인 죄책감은 고해사제

---

1.   Timothy J. Wengert, *Martin Luther's Ninety-Five Theses: With Intro-
      duction, Commentary, and Study Guide* (Minneapolis: Fortress Press,
      2015), 5.

2.   죄벌(罪罰), 또는 죄율(罪律)이라고도 한다.

의 사면 선언을 통해 제거되지만, 죄의 책임인 형벌(죄벌)은 보속(補贖, *satisfactio*)의 행위를 통해 제거되어야 한다.[3] 여기서 죄인이 치러야할 형벌을 잠벌(暫罰, *poena temporalis*)이라고 한다. 문제는 고해성사 시스템의 보속행위를 통해서도 죄의 책임을 다할 수 없다는 데 있다. 그런 사람들을 위해 생긴 중간지대가 연옥(*pugatorio*)이다. 연옥은 천국에 가기 위해 망자가 나머지 죗값을 치르고 정화되는 장소로써, 현세에서 보속하지 못한 죄의 형벌을 이곳에서 치르게 된다. 이때 연옥의 영혼들을 위해 형벌의 보속을 면제해 주는 것이 '대사'(大赦, *indulgentia*)라고 불리는 주교와 교황의 사면증이다.

이런 사상의 근거는 그리스도와 성인들이 이 땅에 남겨놓은 선행으로 생긴 '여분의 공로'(*supererogatio merit*) 때문인데, 이런 공로의 보화가 교회의 창고에 쌓여있고, 열쇠의 권세를 수여받은 주교와 교황은 이 보화의 창고를 열어 죄인들에게 나누어줄 수 있다는 데 있다. 이것이 로마 가톨릭 신학에서 교회를 '공로의 보고(寶庫)'(*thesaurus meritorum*)로 부르는 맥락이다.

사면증은 일반적으로 두 가지 유형으로 구분된다. 특정한

---

3. 고대 교회에서 보속은 죄인에게 부과되는 금식, 자선, 기도의 형태였지만, 중세에는 순례와 수찬금지 같은 것으로 대체되었는데, 중세 시대에 성지순례와 성물숭배가 유행처럼 번지고, 곧장 교회의 재정을 축적하는 수단으로 전락했던 이유가 바로 여기에 있다.

시간과 장소에서만 보속이 가능한 한시적 사면증(*indulgentiae partiales*)과 죄인의 모든 형벌을 지워버리는 완전 사면증(*indulgentiae plenariae*)이 그것이다. 한국 천주교에선 전자의 것은 '한대사'(限大赦), 후자는 '전대사'(全大赦)로 칭한다. 11세기 등장한 사면증은 본래 교회가 일시적으로 부과한 형벌을 사면하기 위한 용도였지만, 루터 당시엔 연옥에 있는 자들의 의식적 부분인 죄책감(guilt) 뿐만 아니라 연옥에서 받을 미래의 형벌(punishment, 죄벌: 罪罰)까지도 지워버리는 전무후무한 사면의 효력을 지닌 것으로 알려졌다(*poena et culpa*).[4] 그 때문에 사면증을 구입하는 사람이 지정하는 사람, 예를 들어 죽은 가족에게도 그 효력을 행사할 수 있다. 이런 이유로, 루터 당시에 통용되던 사면증은 명실상부한 '면죄부'라고 할 수 있다. 사면증의 오용은 13세기 이후 관행적으로 널리 퍼져 있었지만, 신학적 정리 작업은 이를 뒷받침하기에 역부족이었다. 신학자들의 견해는 혼란

---

4.   사면증 판매를 위해 제작된 『요약 지침서』(*Instructio Summaria*) 제19조: "이 사면증에 담긴 첫 번째 은총은 모든 죄의 완벽한 사함이다. 이보다 더 큰 은총은 존재할 수 없다. 이것은 하나님의 은총을 잃고 죄로 가득 찬 인간이 온전한 사면을 받을 수 있는 방법이며, 이것을 통해 한 번 더 하나님의 은총을 누릴 수 있게 된다. 더욱이 우리는 이 증서를 통해 하나님의 엄위하심을 모독한 죄로 연옥에서 치러야 할 모든 벌을 사면 받고, 연옥의 고통은 지워진다." WA BR 1, 113, n.19; Peter Fabisch/Erwin Iserloh (Hg.), *Dokumente zur Causa Lutheri (1517-1521)*, Teil. 2. (Münster: Aschendorff, 1988), 264.

스러웠고, 교회는 그 어떤 공식적인 가르침도 내놓지 못했다.

'르네상스 교황기'로 일컬어지는 1440-1520년 사이의 유럽은 그야말로 교회의 종말을 눈으로 보는 듯한 시기였다.[5] 교황의 비윤리적 행태는 제쳐두고라도, 사치스런 궁정생활과 교황청이 관여된 수많은 전쟁의 비용을 충당하고, 권력유지를 위한 재정적인 압박은 점점 심해졌고, 이에 대한 가장 중요한 재정적 해결책이 바로 교황청에서 발행하는 사면증이었다. 은행의 시초가 되는 고리대금업은 교회가 금지하는 죄의 목록 중 하나였기 때문에, 재정적 지원이 절대적으로 필요했던 십자군 전쟁은 오직 사면증 발행에 기댈 수밖에 없었다. 11세기만 해도 교황청에서 발행하는 사면증은 군인과 전쟁 수행을 위해 기부금을 제공하는 사람을 위해 시작되었지만, 점차 대성당 건축이나 교량 건설과 같은 도시 계획 사업을 진행하기 위한 어음 역할까지 확장되었다. 이런 내막을 알 길 없는 신자들에게 교황청의 사면증은 하나님의 진노가 가득한 연옥의 공포를 피할 절호의 도구로 받아들여졌으니, 중세 말 사면증의 오용은 교황청과 일반 신자들의 요구가 맞아 떨어진 셈이다. '돈만 내면 용서해 주겠다'는 교회의 사면증은 단순한 신자들에겐 입맛 당기는 구원의 셈법이었다. 반면에 루터처럼 엄격하게 생

---

5.   참고, 최주훈, 『루터의 재발견』 (서울: 복있는 사람, 2017), 37-47.

각하는 신학자에겐 그런 구원의 약속은 죄인을 위한 불법 백지수표로 보일 수밖에 없었다. 왜냐하면 이 의심스런 증명서는 그 어떤 범죄도 돈으로 지워버릴 수 있기 때문이었다.

중세시대 유럽엔 다양한 종류의 사면증이 통용되었지만, 종교개혁과 직접적으로 관련된 사면증은 1506년 교황 율리우스 2세(Julius II, 재위 1503-1513)가 로마에 베드로 대성당을 건축하기 위해 발행한 전대사(全大赦, indulgentiae plenariae)이다. 이 사면증은 지역적으로 시기적으로 제한되어있어서 전(全) 유럽에서 통용되던 것이 아니었다. 후임 교황인 레오 10세(Leo X, 재위 1513-1521)는 이를 여러 번 갱신하면서 판매를 극대화했다. 독일에 국한하자면, 마그데부르크와 마인츠에서 8년간 팔도록 허용했는데 당시 두 교구의 대주교인 알브레히트가 교황으로부터 전권을 위임받았다.

여기에는 성직매매와 관련된 모종의 거래가 있었다.[6] 두 개의 교구를 동시에 책임지는 일은 교회법을 위반하는 불법이기에 알브레히트는 교황청에 막대한 돈을 주기로 하고 두 교구의 대주교직을 얻어냈다. 이 때 그는 은행가로 위세를 떨치고 있던 푸거 가문으로부터 대출을 받아 교황청에 넘기고, 그 돈을 갚기 위해 베드로 대성당 건축을 위한 사면증의 독일 내 독

---

6.   이에 관해 다음을 참조하라. 라인하르트 슈바르츠, 『마틴 루터』, 정병식 역 (서울: 한국신학연구소, 2010), 92-97.

점 판매권을 교황으로부터 얻어낸다. 알브레히트가 사면증 판매로 얻은 수익의 절반은 대출금 상환을 위해 들어갔고, 절반은 사면증 발행의 대가로 로마에 보내야 했다. 그러나 루터는 이렇게 성직매매와 관련된 대주교와 교황 사이의 계약을 전혀 알지 못했다.

중세 후기 법률에 의하면, 교황의 사면증을 판매할 땐 지역 영주의 동의를 받도록 요구했다. 알브레히트와 관계된 영지에선 이 법률이 쉽게 통과 되었지만, 루터가 있던 작센 선제후령에선 그렇지 않았다. 작센의 선제후 프리드리히 현공(Friedrich der Weise)은 자신의 영지에서 사면증이 판매되는 것을 거부했는데, 그 이유는 신학적이거나 정치적인 이유가 아니었다. 그 역시 누구에게도 뒤지지 않는 경건한 사면증 사업 후원자였지만, 자기가 소유한 '성유물' 사업에 영향을 받을 것이라는 경제적 판단이 작센에서의 판매를 막아섰던 것이다. 그는 1년에 한 번 성유물들을 전시하고, 관람하는 이들이 치러야 할 연옥의 형벌을 감면해 주었다. 이 때 전시는 물론 돈벌이용이었다. 알려진 바로는, 1518년 작센의 선제후가 소유하고 있던 성유물로 사면할 수 있는 총 가치는 127,800년 동안 연옥에서 치러야 할 형벌에 해당할 정도로 거대했다. 이런 상황에 대주교 알브레히트가 판매한다는 사면증은 작센의 프리드리히에겐 그저 자기 사업을 방해하는 요소로 보였을 따름이다.

대주교 알브레히트는 사면증을 효과적으로 판매하기 위해 능숙한 설교자였던 도미니크회 소속 요하네스 테첼(Johannes Tetzel, 1465-1519)을 고용하고 사면증 판매를 위해 44쪽 분량의 『요약 지침서』(*Instructio Summaria*: 이하, '지침서')를 만들어 배포했다. 『지침서』의 내용엔, 사면에 관한 신학적 설명과 베드로 성당 건축에 대한 필요성, 그리고 사람들의 지위와 계급에 따른 차등 가격까지 명시되었다. 판매 가격은 여섯 단계로 구분되어 있는데, 왕과 대주교, 그리고 지역의 주교들에겐 최고로 높은 단계인 최소 금 23 굴덴, 가장 낮은 단계인 어린이는 0.5 굴덴으로 매겨져 있지만, 최대 수익을 고려해야 했기 때문에 판매자는 상황에 따라 더 낮은 가격으로 사면증을 판매하기도 했다.[7] 문제는 루터가 살던 비텐베르크 지역 주민들이 그 지역에서 구입이 불가하자 이 사면증을 구입하기 위해 동요하기 시작했다는 점이다. 교황의 사면증이 어떤 경로를 통해 독일지역에서 판매되고 있었는지 루터는 알지 못했던 것 같다. 그러나 자신이 몸담고 있던 비텐베르크의 가난한 주민들이 위험을 무릅쓰고 엘베 강 너머 유터보그까지 가서 이 증서를 구입하는 것을 보고 이 문제를 정식으로 다루겠다는 결심에 이르게 된다. 이것은 목회자이며 신학자인 루터의 신경을 건드린 것이

---

7. 슈바르츠, 『마틴 루터』, 96.

되었고, 결국 교황의 사면증에 대한 전격적인 토론에 임하도
록 그를 추동한 결정적인 계기라고 할 수 있다.

루터가 당시 사면증 판매 설교자들을 직접 만난 것인지는
불분명하다. 그러나 그가 『지침서』를 입수하여 95개 논제의
기초 자료로 사용한 것은 확실하다. 루터는 1517년 10월 30일
대주교 알브레히트에게 서신을 보내면서 거기에 95개 논제를
동봉했고,[8] 그 다음날 비텐베르크 성채교회(Schlosskirche) 정문에
게시했다고 알려져 있다. 그렇게 세상에 얼굴을 드러낸 95개
논제는 순식간에 사람들의 주목을 받았다. "이 글이 단 두 주
일 만에 온 독일을 휩쓸었다"는[9] 루터의 말은 약간의 과장일
수 있지만, 그해 11월 11일 친구 랑(Lang)에게 보낸 편지에서 확
인 할 수 있듯 "선례가 없는 일"임은[10] 확실하다. 그의 글은 분
명히 대중을 위한 쉬운 글이 아니다. 루터는 이 문서로 학문적
토론을 원했다. 그러나 토론은 일어나지 않았고, 대신 이 문서
를 서신과 함께 받아 든 대주교 알브레히트로부터 예상치 못
한 반응이 시작되었다. 알브레히트는 이 문서를 곧장 마인츠
대학의 신학부에 넘겨 검증을 의뢰했다. 대주교가 보기에 루터

---

8.   WA BR 1, 108ff.
9.   재인용: 린들 로퍼, 『마르틴 루터』, 박규태 역 (서울: 복있는 사람,
     2019), 161과 그에 해당하는 각주 57을 참조하라.
10. WA BR 1, 52, 11 Nov. 1517.

의 편지와 문서는 신학적으로 상스럽고 존경심도 없는 천한 것으로 여겼다. 12월 17일 마인츠 대학 신학부로부터 평가서가 나왔지만, 내용은 대주교 마음에 들지 않았다. 마인츠의 신학자들은 책임을 회피하면서 로마의 조언을 받으라고 제안했다. 그러자 대주교 알브레히트는 즉각 루터의 글을 교황 레오 10세에게 보냈다.

교황은 이 문서를 받자마자 루터가 소속되어 있던 아우구스티누스회 총책임자인 가브리엘레 델라 볼타(Gabriele della Volta)에게 "독일에서 일어나는 전대미문의 개혁 추진 음모를 막으라"고 지시 내린다(1518.2.3.).[11] 그런데 교황이 무엇 때문에 이렇게 신속하게 반응을 했을까! 사제도 아닌 채 콘클라베(conclave)를[12] 통과한 교황 레오 10세가 고도의 신학적 토론을 위해 준비된 루터의 글을 제대로 이해했을 리 없다. 또한 그 때까지 루터의 글 외에는 독일에서 벌어지는 개혁의 소문을 그가 들어본 일도 없다. 당시만 해도 루터는 변방의 이름 없는 학자에 불과했다. 그럼에도 불구하고 거상 메디치 가문의 교황이 이처럼 격한 반응을 내 놓은 이유는 간단하다. 루터의 글이 교황의 절대 권력에 대한 도전으로 여겨졌기 때문일 것이다.

---

11. 재인용: 폴커 라인하르트, 『루터: 신의 제국을 무너트린 종교개혁의 정치학』, 113.
12. 교황 선출 투표.

루터는 그의 논제 곳곳에서 교황의 권위에 대한 의심을 한 가득 담아 놓았다. 예를 들어, 논제 제5조 "교황은 자신의 판결 혹은 교회법의 판결에 따라 부과한 형벌 외에 어떤 죄도 사면 할 권세나 의지를 갖지 못한다."는 교황의 권력 제한에 대한 대표적인 조항이다. 즉 교황의 절대 권력이 교회법규 안에서만 허용되기 때문에 죽은 자의 세계엔 적용될 수 없다는 것인데, 교황의 권세가 연옥에까지 미칠 수 있다고 한다면, 그 권세는 교황의 독점적 권세가 아니라 일반 사제와 주교에게도 주어진 동등한 권리라고 루터는 주장한다(제25-26조). 루터의 논리라 면, 교황의 수위권은 별로 의미가 없어져 버린다. 교황의 수위 권이란 '사도 계승권'과 '교회의 보화'(*thesaurus ecclesiae*)라는 중 세 신학 개념에 근거한 것인데, 루터는 이 보화의 개념을 교황 권에 연결하지 않고, 그리스도의 복음으로 해석한다(제62조 "교 회의 참된 보화는 하나님의 영광과 은총을 다루는 가장 거룩한 복음이다").

또한 제58조("그 보화는 그리스도와 성인들의 공로로 이뤄진 것이 아 니다. 진실로 교회의 보화란 교황의 도움이 없어도 속사람에겐 은혜를, 겉사람 에겐 십자가와 죽음과 지옥을 가져다주는 것이기 때문이다")의 경우, 전례 가 없을 정도로 대담한 발언이다. 루터는 돈벌이가 되는 사면 증 판매의 근거를 의심하는 단계를 넘어 교황제도에 대한 타 당성에 대해 근본적인 질문을 던진다. 루터는 이 명제를 통해 그 제도의 신학적 기반이 취약하다는 것을 폭로한다. 95개 논제가 의도했던 첫 번째 목적은 이와 같은 신학적 불명료함을 제거하려는 것이 분명하다. 그러나 이 때 루터는 자신이 의도하지 않았던 지점을 건드렸는데, 그것이 바로 사후 세계(연옥)와 연결된 교황의 권세이다. 실제로 논제 제57조("실제로 그것을 교회의 보화라고 말할 수조차 없다. 왜냐하면 수많은 설교자들이 거저 내어주기보다 그저 거둬 들이기만하기 때문이다")에서 제시한 반박은 이미 교황 클레멘스 6세(재위 1342-1352)의 1343년 〈우니게투스 대칙서〉(Unigetus)에 명확히 제시된 내용과 일치하는 것이었지만, 당시 사면증 판매는 이러한 교회의 신학적 결정을 정면으로 뒤집는 것이었다.

중세 교회 신학에 따르면, 교황의 결정은 오류가 없으며 무오하다. 그러나 루터는 95개 논제를 통해 이런 확고불변한 사상에 돌직구를 날린다. 교황 레오 10세가 1518년 봄에 그리도 히스테릭하게 반응했던 이유가 바로 여기에 있다. 루터의 질문은 교황제도, 교황의 권위에만 머물지 않는다. 그는 제45-51조를 통해 그리스도인이 깨달아야 할 핵심적인 내용을 제시한다. 이 단락은 "그리스도인들에게 이것을 분명히 가르쳐야 한다."는 도입구가 반복된다. 여기엔 교황제도에 대한 대안적 명제, 즉 복음적 가치를 추구하는 교회의 모습이 담겨 있다. 그리고 여기 담긴 복음적 가치는 이후 교회의 역사를 변혁시키는 위대한 발판으로 자리매김하게 된다.

루터의 95개 논제는 그의 종교개혁 사상에 있어서 완성형 모델이라고 할 수 없다. 그럼에도 불구하고, 거친 그의 논제에서 만나게 되는 대담한 질문과 대안들은 새 시대의 도래를 선언하는 예언자의 단호한 외침이라 할 만하다. 그 때문에 1517년 가을 루터의 문서는 여러 모양으로 사람들의 입에 오르내렸고, 대주교 알브레히트의 주도 아래 반(反) 루터 전선이 형성되기 시작했다. 그 해 12월 17일 나온 마인츠 대학 신학부의 결과가 그 쪽 사람들의 입맛에 맞지 않았지만, 그해 말 대주교 알브레히트의 위임을 받은 테첼은 자신의 친구이자 프랑크푸르트 대학 신학 교수였던 콘라드 빔피나(Konrad Wimfina)와 함께 이 논제의 비판을 위한 글을 준비했다. 빔피나와 테첼은 루터의 관점을 오류라고 규정하면서 루터를 이단으로 정죄했다. 특별히 논제 제1조에서 언급한 회개(마 4:17)는 실제로 예수가 교회에 고해성사를 요구한 것이라고 테첼이 반박했던 대목은 주목할 만하다.[13] 그에게 루터는 교회의 역사와 전통을 부정하는 이단으로 보인 것이다.

한 때 루터와 좋은 관계를 유지하던 잉골슈타트의 신학교수 요하네스 에크(Johannes Eck)도 루터의 반대편에 섰다. 그는 루터의 동료인 크리스토프 쇼이얼(Christoph von Scheurl)로부터 95

---

13.   슈바르츠, 『마틴 루터』, 108.

개 논제를 받아 직접 〈오벨리스키〉(*Obellisci*)라는 비평문을 작성해서 발표했다. 루터의 문서에 대한 그의 평가는 "건방지고", "파렴치하며", "분열을 일으키기에 적합하고", "교회의 질서를 혼란케 하며", "보헤미아의 독"(얀 후스)이라는 식으로 비난했다. 거기엔 루터의 글이 무엇을 의도하고 있는지에 대한 신학적 설명이 없었다. 이와 같은 격한 반응에 루터의 고해 사제였던 요한 슈타우피츠는 1518년 4월 말 하이델베르크에서 열린 수도회 총회에서 토론을 통해 루터가 방어할 수 있는 시간을 마련해 주고자 했다. 이 기회를 통해 루터는 자신의 신학을 변증할 기회를 얻었는데, 이 때 나온 것이 바로 그 유명한 루터의 '십자가 신학'(*theologia crucis*)이다. 루터는 참된 신학자의 길을 영광의 신학자의 저 편에 있는 십자가 신학자로 규정한다. 이로써 그는 자신에 대한 오해가 풀릴 수 있을 것이라고 확신했던 것 같다.

언제까지 이렇게 순진하게 생각했는지는 특정할 순 없지만, 최소한 1518년 5월 말까지는 그렇게 큰 일이 아닌 것으로 여겼을 가능성이 크다. 루터는 1518년 5월 31일 이제껏 인쇄되지 않았던 『사면증의 효력에 관한 논제해설』(*Resolutiones disputationum de virtute indulgentiarum*: 이하, '논제해설')을 드디어 인쇄하고 개인의 뜻을 담은 서신과 동봉하여 이를 교황 레오 10세에게 보냈다. 이 서신을 통해 그 동안의 과정과 자신의 의도에 대한 설명, 그리고 사면증에 대한 토론이 필요한 이유를 강조하면서 자신의 선한 양심이 교황의 자비 가운데 보호 받길 간청했다. 그러나 그에게 돌아온 것은 교황의 권위에 도전했다는 비난이었고, 이로써 루터는 설 자리를 점차 잃게 되었다. 그럼에도 불구하고 루터가 끝까지 고수했던 것은 진리의 척도는 사람의 권위가 아니라 성서의 말씀이라는 굳건한 신념이었다. 루터 이전에 이처럼 말씀의 권위를 강조한 인물은 거의 찾아 볼 수 없을 정도이다. 말씀에 대한 강조 때문에 루터는 파문당하고 공민권도 박탈당한다. 그러나 말씀에 대한 강조 때문에 교회는 변화의 길을 모색하기 시작했다.

지난 과거의 역사에 "만일"이라는 말을 덧붙이는 것처럼 우매한 생각은 없겠지만, 루터의 95개 논제를 읽어 내려가면서 "만일"이란 말을 붙여본다. '만일, 루터의 이 문서가 로마 교회 안에서 진지하게 토론되었다면 역사는 어떻게 변했을까?' 당시 교황과 그의 조언자들은 그럴 생각이 추호도 없었고, 그들이 원하던 제국과 교회의 평화는 로마의 권위와 보호 아래에서 보장된다는 믿음 때문이었으니, 토론을 통한 권위의 나눔 대신 교황의 권위가 오히려 확장되는 것을 원했을 것이다. 중세 말 약 100년 동안의 시간을 되새겨본다. 그 시기에도 개혁의 이름은 분명히 존재했다. 심지어 교회의 개혁을 위한 제5차 라테란 공의회가 1512년에 시작하여 무려 5년 동안 진행되었다. 그리고 폐회는 루터의 95개 논제가 게시되던 1517

년이다. 역설적이지 않은가?

개혁을 논의하기 위해 모인 교회의 수장들에게서 교회의 개혁을 찾아볼 수 없었고, 변방의 이름 없는 수사의 종이쪼가리가 개혁을 몰고 왔다는 것은 오늘 이 시대 한국교회 상황에도 시사하는 바가 크다. 개혁의 이름은 있으나 진정성 없는 개혁 논의는 무용지물이다. 또한 작은 질문과 비판에도 귀를 기울이지 않는 공동체의 향방이 과연 어떤 것인지 우리는 이 작은 문서의 역사에서 보게 된다. 질문과 소통 없는 공동체의 미래는 없다. 루터가 이 문서를 통해 의도했던 바는 질문과 소통이었다. 그리고 거기서 소통의 주제는 '권위에 대한 믿음 대신, 믿음에 대한 권위'로 돌아설 것을 강조한다는 '회개'(*metanoia*)에 있다. 이 믿음은 그리스도의 말씀에 대한 권위이다. 그 때문에 그의 논제 제1조는 마태복음 4:17 "회개하라"는 명제로 출발하여 모든 신자들이 그리스도의 복음으로 돌아서도록 설교한다.

오늘 이 시대에 5백년도 더 지난 글을 다시 읽는다는 것은 어떤 의미가 있을까! 고전을 읽는 이유는 시공과 조류에 흔들림 없는 가르침이 거기에 있기 때문이다. 루터의 95개 논제를 음미하며 그 가르침과 고민의 흔적을 함께 따라가 보자.

2019년 10월

최주훈

일러두기

1. 본서의 저본

대주교 알브레히트 경에게 보내는 서신은 WA BR 1, 110-112; LW 31, 19ff.에서, 95개 논제는 WA 1, 233ff; LW 31, 25ff.에서, 논제해설은 WA 1, 525-629; LW 31, 81-252에서 번역했다.

2. 논제의 난해함

'95개 논제' 또는 '면죄부 반박문'으로 알려진 "사면증의 효력에 관한 논제"(*Disputatio pro declaratione virtutis indulgentiarum*)는 종교개혁자들이 펴낸 어떤 글보다도 가장 많이 회자된다. 그러나 역설적으로 그 내용을 읽어본 사람은 지극히 드물고, 게다가 그 내용을 파악하며 읽어 내려간 사람은 거의 없을 정도이다. 실제로 루터의 이 글은 죄와 구원에 관한 중세 교회의 예비

지식을 갖고 있지 않다면 이해하기 힘들다. 여기에 덧붙여 독해를 어렵게 만드는 중요한 요인은 이 문서가 사어(死語)가 되어 극소수 지식인 사이에서만 통용되던 라틴어로 작성되었다는 점이다. 루터가 모국어인 독일어가 아니라 라틴어로 이 문서를 작성했다는 점은 분명히 이 글을 독해하는 데 어려움을 가중시킨다. 실제로 이 문서를 독일어로 번역한 최초의 인물은 루터가 아니라 뉘른베르크의 카스파르 뉘첼(Kaspar Nützel)로 알려져 있고,[1] 루터가 자기 글에 대한 해명 성격을 띤 최초의 글은 이듬해 3월 독일어 설교원고인 "사면과 은총에 관한 설교"(*Sermon von Ablaß und Gnade*)를 통해서이다.

그 사이 여러 사람들의 독일어 번역본들이 나왔는데, 내용적으로 상당히 상이한 사본들이 발견된다. 그렇게 다양한 번역본이 나왔다는 것은 95개 논제에 담겨 있는 라틴어가 다양한 해석이 가능하다는 것을 반증한다. 그럼에도 불구하고 약 5-6개월이 되기까지 루터가 자신의 글에 대한 해명 또는 독어번역본을 작성하지 않은 이유는 무엇일까? 그 이유를 상식선에서 생각해 보면, 95개 논제가 일으킨 급속한 파급력에 루터 자신도 당황했고, 대주교와 교황청을 위시한 반대 세력의 확장에 심리적으로 위축되었을 가능성이 크다. 불이 번져 가고 있

---

1. Franz von Soden (Hg), *Christoph Scheuerl's Briefbuch* (Potsdam, 1872), Bd. 2., Nr. 160, S. 43.

을 때, 주저하던 루터가 해명의 펜을 든 것이 1518년 3월이다. 그러나 그것으로는 불충분했다. "사면과 은총에 관한 설교" 역시 간략한 요약 형태로 작성되었기 때문에, 루터는 95개 논제의 정확한 의도와 신학적 설명을 위해 1518년 4월 『사면증의 효력에 관한 논제 해설』(*Resolutiones disputationum de virtute indulgentiarum*, 이하 '논제해설')를 라틴어로 작성하게 된다. 그리고 이 문서는 5월 31일 인쇄물 형태로 교황 레오 10세에게 보내지게 된다.

95개 논제를 이해하기 위해 반드시 『논제해설』을 참조해야 하는 이유가 바로 여기에 있다. 이와 같은 이유로 이하의 95개 논제의 각 명제에 해당하는 각주는 『논제해설』에서 핵심적인 인용문들을 발췌하였고, 해설이 짧은 경우 전문(全文)을 모두 실었다.

3. 용어선택

교황이 발행하는 사면증의 역사는 고대 교회까지 거슬러 올라간다. 그리스도의 명령에 따라 교회의 직무자가 참회자의 죄를 용서하는 사면선언은 교회 공동체의 화해와 신자들이 새로운 인생을 위한 출발의 표징으로 다루어졌다. 그러나 이런 통상적인 죄의 용서가 서방교회에서 특별한 위치를 점하게 된 것은 십자군 전쟁의 시기인 11세기경이다. 그전까지만 해도 사면은 단순히 '죄를 완전히 용서한다'는 뜻의 사면(*absolutio, con-donatio*)이나, '다시 채운다'는 뜻의 보상이나 보속(*remissio*), '값을 받지 않고 선물한다'는 뜻의 호의(*venia*), '쉼을 준다'(*relaxaio*)는 정도의 일반적인 의미였지만, 시간이 지나면서 점차 '덜어낸다'는 뜻의 *indulgentia*가 공식용어로 자리 잡게 되어,[2] 성례전 시스템 중 하나인 '고해성사'를 통해 적극적으로 활용되었다. 이처럼 십자군 전쟁과 사면증의 연관성은 전쟁에서 살인한 군인들을 교회의 일원으로 다시 받아주는 것과 전쟁을 위해 기부금을 교회에 헌금하는 이들을 위한 것이었고, 사면증엔 공헌도에 따라 판매액과 형벌 감량이 정해져 있었다.

그러니 죄에 대한 형벌을 '덜어낸다'는 뜻의 *indulgentia*가 통용된 것은 우연이 아니다. 시간이 흐르면서 무상으로 주어지던 사면의 원래 의미는 퇴색하였고, 종교 기득권자들의 유익을 도모하는 수단으로 전락하기 시작했다. 개 교회 공동체의 직임자로부터 선언되던 죄 용서의 선언이 이젠 증서로 형태로 바뀌어 교회를 부패시키는 중요한 요인 중 하나로 작용하기 시작한 것이 중세시대 부터라고 할 수 있다. 루터가 95개 논제에서 겨냥한 대목이 바로 이것이다. 중요한 것은 루터가 다룬 사면증의 문제는 단순히 사면에 문제에 그치지 않는다는 점이

2.   TRE 1:347f.

다. 여기엔 교회란 무엇인지, 그 권위는 무엇인지, 교황의 권위
는 어디서 나오고 무엇을 위해 사용되어야 하는지, 교회가 순
종한다는 것은 무엇인지, 성례전이란 무엇인지, 하나님의 말씀
과 인간의 교리는 어떻게 구분되는지 등등, 교회론 전반에 걸
친 문제로 확장된다.

　루터의 95개 논제가 다루는 교황의 사면증(*indulgentia*)을 다
양한 용어로 번역하는데, 이를 세분화해서 언급할 필요가 있
겠다. 개신교 측에서 가장 빈번하게 사용하는 말은 '죄를 면제
시키는 증서'라는 뜻의 '면죄부'(免罪符)인데, 최근 신학계에서
여러 논의 끝에 루터가 문제 삼은 증서는 죄 자체를 없애는 데
그 기능이 있던 것이 아니라 '죄에 부과된 형벌에만 해당'하는
것이기에 형벌을 감형한다는 뜻의 '면벌부'(免罰符)가 옳다하여
그리 사용한다. 또는 이를 혼용하여 "면벌(죄)부" 또는 "면죄
(벌)부"로 표기한다. 이에 비해 한국의 로마가톨릭교회인 한국
천주교에선 '통 큰 용서'라는 뜻의 '대사'(大赦)라고 부른다.

　문제는 앞의 세 가지 용어 중 하나만으로는 루터의 95개
논제에 등장하는 라틴어 '*indulgentia*'(독, *Ablass*)를 한국어로 옮
겨 놓기에 완벽하지 못하다는 점이다. 용어선택에 있어 우선
전제해야 할 것은 루터가 공격하던 16세기 사면증은 아직 신
학적으로 온전치 않은 상태라는 점이다. 즉 21세기 신학의 틀
로 500년 전 상황을 대입시키면 곤란하다는 뜻이다. 당시엔

면죄와 면벌이 전혀 구분되지 않았다. 증서를 판매하는 노선에 서 있던 사람들은 오직 판매촉진을 위한 홍보에 힘을 냈다는 것을 간과하지 말아야한다. 그들에게 중요한 것은 정교한 신학 이 아니라, 오직 잘 팔리기만 하면 그것으로 족했다.[3] 〈천주교 용어자료집〉에선 "면죄부"라는 개신교 측 용어사용은 "대사를 악의적으로 오역한 말"로, 〈가톨릭 사전〉에선 "대사(大赦, indul-gentia)를 뜻하는 라틴어의 원 뜻을 잘못 옮긴 데서 비롯된 말" 로 규정한다.[4]

그러나 이런 이해는 어느 정도 수정이 필요하다. 루터가 문 제 삼았던 사면증은 앞서 언급했듯, 오늘날 천주교회에서 설 명하는 대사(大赦)와는 다른 성격의 것으로써, 교회사에서 전무 후무했던 권위의 오용으로 빚어진 결과물이다. 이에 대한 비판 적인 문제 제기는 루터 이전부터 있었다. 하지만 사면증에 관 한 관행과 효과에 대해 일치된 신학적 입장이 없었고, 교황청 의 공식적인 입장도 확정되지 않은 상태였다. 루터는 95개 논 제를 통해 사면증에 관한 토론의 불을 붙였고, 로마 가톨릭 내 부에서도 심각한 문제로 대두되어 결국 트리엔트 공의회(1545-

---

3.   폴커 라인하르트, 『루터: 신의 제국을 무너트린 종교개혁의 정치 학』, 이미선 역 (서울: 제3공간, 2017), 106.

4.   참조, 가톨릭 대사전: http://maria.catholic.or.kr/dictionary/term/term_ view.asp?ctxtIdNum=4383&keyword=&gubun=01

1563)에 이르러서야 제대로 된 신학적 정리와 규제가 되었을 정도였다. 그 때문에 이를 두고 오늘의 시각으로 "면죄부"라는 용어를 "악의적 오역"이라 규정하기는 어려울 것 같다.

　"번역은 반역"이라는 유명한 말처럼, 용어의 번역은 언제나 번역자의 입장이 반영되기 마련이다. 본서에선 라틴어 *indulgentia*를 대부분 중립적 용어인 "사면증"으로 번역하고, 문맥에 따라 예외적으로 "면죄부"와 "대사"를 혼용해서 사용했다. "면죄부"로 번역하는 경우 '죄를 완전히 지워버린다'는 부정적인 의미가 확실한 경우로 한정했다. 또한 사면증 설교자를 지칭할 경우, 중립적 의미로 사용될 땐 "대사 설교자"로, 부정적이고 비판적 의미로 사용될 땐 "면죄부 설교자"로 통일했다.

마인츠의 대주교
알브레히트 경(Erzbischof Albrecht)에게
보내는 서신

그리스도 안에서 지극히 존경받으실 사제이며,

마그데부르크와 마인츠 교회의 대주교이시며,

브란덴부르크의 선제후이시며,

그리스도 안에서 저의 주인이며

목자가 되시는 알브레히트 경에게

존경과 사랑을 드립니다!

예수.

하나님의 은총과 자비가 가득하시길!

그리스도 안에서 지극히 존경받으실 대주교이시며, 가장 찬란한 선제후이시여, 부디 저를 용서해주시길 간청합니다. 만민 중에 가장 미천한 제가 감히 당신께 서신을 보내는 만용을 부립니다. 저의 나약함과 무가치함 때문에 이 일을 오랫동안 망설였다는 것을 주님이신 예수께서 저를 위해 증언해 주실 것입니다. 제가 이 글을 쓰게 된 것은 오직 그리스도 안에서 지극히 높임 받으신 사제이신 당신께 마땅히 드려야할 순명(順命)의 의무 때문입니다. 부디 미천한 종의 글을 헤아려 주시고, 당신의 따스한 자애로 받아주옵소서.

교황이 발행한 사면증(大赦, indulgentia)이 선제후이신 당신의 은혜로운 이름아래 도처에서 팔리고 있습니다. 판매의 목적은 성 베드로 성당을 세우기 위한 것입니다. 제 귀로 들어보지 못한 전무후무한 면벌부 판매 설교자들의 외침에 대해선 불평하지 않겠습니다.[1] 하지만 이곳저곳에서 들리는 저들의 엉터리 설교 때문에 생긴 신앙의 폐해가 배우지 못한 평민들 사이에서 매우 심각합니다. 이 불쌍한 영혼들은 이 증서를 사들이기

---

1. 당시 선제후령 작센 지방에선 베드로 성당 건축을 위한 사면증 판매가 금지 되어 있었기에, 루터는 사면증 판매 설교자들의 설교를 들어볼 기회가 없었다. 작센에서 금지된 이유는 비텐베르크의 성채교회(Schlosskirche) 참사회에서 관장하던 막대한 성유물 수입이 줄어들 것을 작센의 선제후 프리드리히 현공이 우려했기 때문이다.

만 하면 분명히 구원 받을 수 있다고 믿고 있습니다.[2] 심지어
헌금함에 동전을 넣자마자 죽은 사람의 영혼이 연옥에서 하늘
로 튀어 올라간다고 확신할 정도입니다.[3] 한 술 더 떠서 이것을
통해 얻은 은총은 무조건 효과가 있고 용서받지 못할 죄가 아
예 없다고 여깁니다. (그들 말대로 하면) 불가능이란 없어서 성모
마리아를 능욕해도 그 죄를 용서받을 수 있다고 떠들어 댑니
다.[4] 궁극적으로 이것은 그 어떤 죄책감과 죄벌(罪罰)도 풀어버
리는 전무후무한 전대사(全大赦, *indulgentia plenaria*)라는 것입니
다.[5]

오, 사랑의 하나님! 주교의 돌봄 가운데 있어야 할 사람들
이 이렇게 죽음으로 인도되고 있습니다. 지금 일어났고, 앞으
로도 계속 될, 이 모든 일에 가장 막중한 책임을 하나님은 당신
에게 묻게 될 것입니다.[6] 그 때문에 저는 이 일에 대해 더 이상
침묵할 수 없습니다. 어느 누구도 주교가 베푸는 선물이 구원
을 가져다주는 것이라고 장담할 수 없습니다. 하나님의 은총을

---

2. 95개 논제(이하 '논제'), 제32조.
3. 논제 제27조.
4. 논제 제75조. 이 말을 한 것으로 알려진 테첼(Johannes Tetzel) 자신은
    이런 말을 한 적이 없다고 부정했다.
5. 논제 제21조.
6. 논제 제80조.

주입 받은 사람이라고[7] 해도 그리 말할 수 없습니다.

오히려 사도바울은 우리에게 두려움과 떨림으로 구원을 이루라고 명령하였고,[8] 의로운 사람도 얻기 어려운 것이 구원이라고 가르쳤습니다.[9] 생명으로 인도하는 길은 확실히 좁습니다. 주님께서는 선지자 아모스와[10] 스가랴를[11] 통해 말씀하시길, 구원받는 자들은 불에서 빼낸 나무 조각이라 하셨을 정도입니다. 그 외에도 주님은 성경 전체를 통해 구원의 어려움을 선포하셨습니다.

그런데 어찌 저 사람들은 날조된 우화와 약속들로 용서를 보증하고 두려움을 없앨 수 있단 말입니까? 영혼을 구원하고 거룩하게 만드는 일에 있어서 대사는 무용지물입니다. 기껏해야 교회법으로 제정된 표면상의 처벌을 면하게 해줄 뿐입니다.[12]

차라리 경건과 이웃사랑의 행위가 면죄부와 비교할 수 없을 만큼 귀합니다.[13] 하지만 사람들은 면죄부 판매 설교엔 열과 성을 다하면서도, 이런 설교엔 열심을 내지 않습니다. 상황이

---

7. '은총의 주입'(*infusa gratia*): 로마 가톨릭 사제를 뜻한다.
8. 빌 2:12.
9. 벧전 4:18.
10. 암 4:11.
11. 슥 3:2.
12. 논제 제5조.
13. 논제 제43조.

이런데도 모두 입을 다물고 있습니다. 그리스도의 복음과 사랑을 제대로 배울 수 있도록 감독해야 하는 것은 모든 주교에게 부여된 가장 우선적이며 고유한 임무입니다. 그리스도가 언제 대사(*indulgentia*) 설교를 하라고 명령하셨습니까? 결단코 그런 일은 없었습니다. 그분은 복음을 선포하라 명하셨습니다. 그럼에도 불구하고 복음이 침묵 당한 채 면죄부의 굉음만이 백성에게 들립니다. 그런데 이런 설교를 주교가 허락하고 있다는 것, 복음엔 관심 없고 면죄부 판매에 열을 올리는 이 상황이 얼마나 당혹스럽고, 위험한 일인지 모르겠습니다. 그리스도께서 주교들에게 이렇게 말씀하시지 않겠습니까? "너희가 하루살이는 걸러내고 낙타는 삼키는도다!"[14]

　　주님 안에서 지극히 존경받으실 대주교이시여! 앞서 말한 것과 더불어 아룁니다. 면죄부 중개상들이 당신의 이름으로 출판한 『지침서』(*Instructio Summaria*)를[15] 아실 것입니다. 이것은 분

---

14. 마 23:24.
15. 루터의 95개조 논제가 시작된 직접적인 계기가 바로 이 『지침서』이다. 면죄부 설교가 테첼의 설교를 소문으로 들었던 루터는 지침서 사본을 직접 구해 대사의 본질과 효력에 관해 연구를 시작했다. 『지침서』는 1513년 로마의 베드로 성당 건축 자금을 마련하기 위해 발행되었던 전대사(全大赦, *indulgentia plenaria*)의 내용을 요약하여 면죄부 설교자들의 판매 지침을 위해 만들어졌다. 주요 내용으로는, 이 증서의 소유자가 지은 모든 죄는 완전히 사면될 수 있다는 것, 고해사제를 직접 선택할 수 있다는 것, 증서의 효력은 구매자와 그 친족

명히 당신의 충분한 인지와 동의 없이 출판되었을 겁니다. 거
기 보면, 면죄부는 가장 큰 은총 가운데 하나로서, 사람과 하나
님을 화해시키며 연옥에서 치러야할 모든 징벌을 지워버리는
다함없는 하나님의 선물로 규정하고 있습니다.[16] 심지어, 영혼
을 위한 값을 치르거나 특별 증서(confessionalia)를[17] 구입하면, 더

들에게까지 미친다는 것, 이미 연옥에 있는 자의 죄의식과 형벌까
지도 완전히 사면한다는 내용이 담겨 있다. 그 외에도 면죄부 설교
자를 방해하는 자에게 미치는 형벌과 과거에 발행된 모든 대사들
의 효력을 정지시킬 정도로 압도적이라는 것, 베드로 성당이 건축
되어야 할 이유, 신분과 지위에 따라 차등으로 판매되는 증서의 가
격까지도 기록되어 있다. 면죄부 설교자들은 이 지침서를 바탕으
로 판매를 도모했다. 참고, Walther Köhler (Hrsg.), *Dokumente zum
Ablaßstreit von 1517* (Tübingen[u.a.]: Mohr, 1917), in *Sammlung aus-
gewählter kirchen- und dogmengeschichtlicher Quellenschriften als
Grundlage für Seminarübungen II*, 104-124.

16. 이 구절에 해당하는 『지침서』 제19조 내용은 아래와 같다. "이 사
면증에 담긴 첫 번째 은총은 모든 죄의 완벽한 사함이다. 이보다 더
큰 은총은 존재할 수 없다. 이것은 하나님의 은총을 잃고 죄로 가
득 찬 인간이 온전한 사면을 받을 수 있는 방법이며, 이것을 통해
한 번 더 하나님의 은총을 누릴 수 있게 된다. 더욱이 우리는 이 증
서를 통해 하나님의 엄위하심을 모독한 죄로 연옥에서 치러야할 모
든 벌을 사면 받고, 연옥의 고통은 지워진다." 참조, WA BR 1, 113,
n.19.

17. 이 구절에 해당하는 『지침서』의 내용은 아래와 같다. "두 번째 중요
한 은총은 가장 크고 무게감이 있으며 이제껏 발행된 적이 없던 특
권에 관한 것이다. 이 특권이 고해자를 위한 '특별증서'(confessionalia)
에 가득 기록되어 있다." 특별증서는 교황청이 발행하는 공적 문서

이상 참회할 필요도 없다고 적혀 있습니다.[18]

하지만, 최고로 존귀하신 분이시며 빛나는 군주이시여! 제가 무엇을 할 수 있단 말입니까! 제가 할 수 있는 일이란 고작 주 예수 그리스도를 통해 당신께 간청하는 일 밖엔 없으니, 부디 외면치 마시고 자비로운 주교로서 그 책을 모두 폐기시켜 주시고, 면죄부 설교자들이 다른 내용을 선포하도록 명하여 주시길 진심으로 청원합니다. 이 일이 신속히 해결되지 않는다면 결국 누군가 나타나 논박하는 글을 출판해 낼 것이고, 이는 곧 지극히 높이 존경받으실 당신에게 참으로 치욕스런 일이 될 것입니다. 저는 이런 일이 생길까 생각만 해도 몸서리쳐집니다. 더욱 두려운 것은 사태가 빠르게 정리되지 않아 그 일이 실제로 일어날 것 같기 때문입니다.

로서, 교황의 특권을 나누어준다는 보증이 담겨 있다. 그 특권 중에는 고해자가 고해신부를 선택할 수 있는 권리(이것을 통해 자신이 속한 교구에서 받아야할 징계를 피할 수 있었다)와 증서의 소유자가 지명한 고해 사제가 고해자의 모든 죄를 용서할 수 있도록 만드는 권리가 포함되어 있었다.

18. 이 구절에 해당하는 『지침서』의 내용은 아래와 같다. "네 번째 중요한 은총은 연옥의 영혼들을 위한 것으로, 이들이 지은 모든 죄를 완전하게 사면하는 은총이다. 그 사면은 교황이 중재하는 것이며 …. 다음과 같은 방법으로 얻을 수 있다: 자신을 위해 헌금함에 돈을 넣는 방법으로 연옥의 영혼을 위해 똑같이 헌금하라. … 죽은 자를 위해 헌금함에 돈을 넣은 사람은 이제 마음으로 통회하거나 입으로 죄를 고백할 필요가 없다." 참조, WA BR 1, 113, n. 19.

지극히 존귀하신 대주교이시여! 이 작고 보잘 것 없는 종이 당신께 간청합니다. 군주답고 주교답게 저에게 은혜를 베풀어 주시어, 당신을 충성되이 섬기기 위해 드리는 가장 신실하고 정직한 마음이 담긴 이 서신을 받아주시길 바랍니다. 저도 역시 당신의 양 무리 가운데 한 부분입니다.

자비로우신 대주교님, 주 예수께서 당신을 영원히 지키실 것입니다. 아멘.

비텐베르크

1517년 '모든 성인(聖人)의 날' 전야(全夜)[19]

---

19. 라틴어, *Vigilia omnium Sanctorum*: 10월 31일
20. 마르틴 루터는 박사로 졸업할 때 교회에 충성하겠다고 서약했으며, '신학박사'의 직함을 하나님이 주신 소명(*vocatio*)으로 받아들였다. 그 때문에 루터는 '이 서약이 자신으로 하여금 말하지 않을 수 없게 만들었다'고 강조한다. WA BR 1, 18(1512.9.22.서신).
21. 이 서신의 마지막 루터의 서명(Martinus Luther)은 95개조 논제게시의 역사성 논쟁에 있어서 매우 중요한 실마리이다. 1961년 가톨릭 교회사가인 에르빈 이절로(Erwin Iserloh, 1915-96)가 '루터의 95개 논제 게시'를 역사적 허구로 단언한 이래로, 비텐베르크 성채교회 정문에 게시되었다는 95개조 논제 게시는 일종의 신화로 이해되었다. 이에 대해 반세기 동안 학계에조차 거의 의심을 품지 않았다. 그러다가 2006년 튀빙엔 대학교 도서관에서 루터의 동료이자 필사자 역할을 하던 게오르그 뢰러(Georg Rörer)의 메모가 우연히 발견되자 논제 게시에 대한 역사성 논쟁이 한 차례 불꽃 튀듯 일어났다.

[추신] 지극히 자비로우신 대주교이시여, 당신의 마음에 드신다면, 제가 동봉해 보내드리는 논제를 검토해 주시길 바랍니다. 온 천하에서 가장 확실한 것인 양 선전하고 있는 면죄부 설교가 얼마나 가증스러운 것인지 판단하실 수 있을 겁니다.

당신의 무익한 아들

아우구스티누스회 신학박사[20] 마르틴 루터[21]

그러나 뢰러의 메모는 튀빙엔의 교회사학자 폴커 레핀(Volker Leppin)을 비롯한 여러 학자들의 비판적 분석에 의해 증거능력이 반박되었고, 이에 따라 2017년 종교개혁 5백 주년 기간 동안 출간된 수많은 루터관련 서적들의 대부분은 논제 게시를 일종의 신화로 단정하여 공리로 굳혀지는 듯했다. 그러나 2018년 11월 뷔르츠부르크 대학교 교회사학자 벤야민 하셀호른과 미크로 구트야의 연구서가 발간되자 논제 게시의 역사성 문제는 또 한 차례 새로운 전기에 접어들었다(Benjamin Hasselhorn/Mirko Gutjahr, *Tatsache! Die Wahrheit über Luthers Thesenanschlag* [Leipzig: Evangelische Verlagsanstalt, 2018]). 여기서 몇 가지 주목할 점은 '루터의 논제 게시는 당시 너무 당연한 사실이었기 때문에 굳이 언급할 필요가 없었다'는 가설인데, 예를 들어, 1518년 비텐베르크에 교수로 오게 된 멜란히톤의 진술 역시 반대 측이 주장하듯 신뢰성이 없는 자료가 아니라, 오히려 당시 사회에서 일종의 공리로 수용되고 있었다는 통념을 반영하는 증거로 제시된다. 여기 덧붙여 루터의 이름이 'Luder에서 Luther로' 변한 시기가 바로 알브레히트 추기경에게 보낸 이 편지의 서명부터라는 점도 논제 게시의 역사적 신빙성을 논증하는 주요 증거로 제시된다. 논제 게시의 역사성 문제는 결론 없이 여전히 진행 중이다.

마르틴 루터 95개 논제
라틴어/한국어 대조역

Disputatio pro declaratione virtutis indulgentiarum
사면증의 효력에 관한 논제

Amore et studio elucidandae veritatis haec subscripta disputabuntur Wittenbergae, Praesidente R. P. Martino Luther, Artium et S. Theologiae Magistro eiusdemque ibidem lectore Ordinario. Quare petit, ut qui non possunt verbis praesentes nobiscum disceptare, agant id literis absentes. In nomine domini nostri Iesu Christi. Amen.

진리에 대한 사랑과 열정, 그리고 이를 밝히려는 열망으로, 비텐베르크의 문학사이며 신학을 가르치기 위해 임명받은 교수 마르틴 루터가 이하의 논제들을 공개적으로 논의할 것이다. 직접 참여할 수 없는 사람들은 서신으로 토론하길 요청한다. 우리 주 예수 그리스도의 이름으로. 아멘.

1. *Dominus et Magister noster Iesus Christus, dicendo poeniten-*
tiam agite etc. omnem vitam fidelium poenitentiam esse voluit.

> 우리의 주요, 선생이신 예수 그리스도께서 "회개하라.
> …"[마4:17] 명령하셨을 때, 그 뜻은 신자의 모든 삶이 돌아
> 서는 것이다.

2. *Quod verbum de poenitentia sacramentali (.i. confessionis et*
satisfactionis, quae sacerdotum ministerio celebratur) non potest
intelligi.

> 이 말씀은 사제가 집례 하는 고해성사, 즉 죄의 고백과 보
> 속으로 이해될 수 없다.

3. *Non tamen solam intendit interiorem, immo interior nulla est,*
nisi foris operetur varias carnis mortificationes.

> 또한 이 말씀은 마음을 돌려세우는 내적 참회만 뜻하는
> 것도 아니다. 절대 그런 뜻이 아니다. 마음의 회개가 육의
> 정욕을 제어하는 방식으로 드러나지 않는다면, 그 회개는
> 아무짝에도 쓸모가 없다.

4. *Manet itaque poena, donec manet odium sui (.i. poenitentia*
vera intus), scilicet usque ad introitum regni caelorum.

> 사람이 자기 자신을 끊임없이 미워하는 한, 죄에 대한 징
> 벌은 계속될 것이다. 이것이야말로 진실한 마음의 회개이
> 다. 우리가 하늘나라에 가기까지 이 회개는 계속되어어야 한
> 다.

5. *Papa non vult nec potest ullas poenas remittere: praeter eas, quas arbitrio vel suo vel canonum imposuit.*

> 교황은 자신의 판결 혹은 교회법의 판결에 따라 부과한 형벌 외에 어떤 죄도 사면할 권세나 의지를 갖지 못한다.

6. *Papa non potest remittere ullam culpam, nisi declarando et approbando remissam a deo. Aut certe remittendo casus reservatos sibi, quibus contemptis culpa prorsus remaneret.*

> 교황의 사면권은 제한적이다. 그 때문에 하나님께서 죄를 용서했다는 것을 선언하거나 인정하는 것 외에는 어떤 것도 허용되지 않는다. 또한 이 사면의 권리를 무시하는 사람의 죄도 그대로 남는다.

7. *Nulli prorus remittit deus culpam, quin simul eum subiiciat humiliatum in omnibus sacerdoti suo vicario.*

> 하나님의 대리자로 세워진 사제에게 하나님 대하듯 순종하지 않고, 그를 멸시하는 자가 있다면, 하나님은 그 죄도 용서치 않는다.

8. *Canones poenitentiales solum viventibus sunt impositi: nihilque morituris, secundum eosdem debet imponi.*

> 참회의 규정은 오직 산 자에게만 적용되며, 죽은 자에겐 적용될 수 없다.

9. *Inde bene nobis facit spiritus sanctus in Papa: excipiendo in suis decretis semper articulum mortis et necessitatis.*

그러므로 성령은, 교황이 가진 권세가 죽음이나 어떤 곤궁한 사례에선 그의 힘이 미치지 못한다는 사실을 통해 우리에게 선하게 역사하신다.

10. *Indocte et male faciunt sacerdotes ii, qui morituris poenitentias canonicas in purgatorium reservant.*

참으로 무지하고 어리석은 짓은, 죽어 연옥에 있는 자들에게 교회법이 정한 형벌을 적용하는 사제들의 행동이다.

11. *Zizania illa de mutanda poena Canonica in poenam purgatorii, videntur certe dormientibus Episcopis seminata.*

교회법을 위반하여 생긴 죄벌을, 연옥의 형벌로 바꿔치기하는 가라지는 확실히 주교들이 잠자는 동안 심겨진 것이다[마 13:25].

12. *Olim poenae canonicae non post, sed ante absolutionem imponebantur, tanquam tentamenta verae contritionis.*

예로부터 참회에 부과되는 보속은 사제의 사죄선언 후가 아니라 이전 단계였다.

13. *Morituri, per mortem omnia solvunt, et legibus canonum mortui iam sunt, habentes iure earum relaxationem.*

임종하는 사람은 그의 죽음으로써 이 세상의 모든 것에서 풀려나게 된다. 그는 교회법에 대해서도 죽은 것이므로 교회법이 부과한 징계에서도 완전히 풀려난다.

14. *Imperfecta sanitas seu charitas morituri, necessario secum fert magnum timorem, tantoque maiorem, quanto minor fuerit ipsa.*

영적인 강건함과 온전한 사랑을 이루지 못한 채 죽어가는 사람은 필연적으로 공포를 초래할 것이다. 온전함을 채우지 못한 만큼 그에 따른 공포도 커진다.

15. *Hic timor et horror, satis est, se solo (ut alia taceam) facere poenam purgatorii, cum sit proximus desperationis horrori.*

다른 것은 말하지 않더라도, 연옥의 고통은 이 두려움과 공포만으로도 가득 채울 수 있다. 그리고 이 두려움과 공포는 절망과 맞닿아 있다.

16. *Videntur infernus, purgaturium, caelum differre: sicut desperatio, prope desperatio, securitas differunt.*

지옥, 연옥, 하늘은 각각 다르게 나타난다. 지옥은 절망이고, 연옥은 절망에 이르는 길이며, 하늘은 거기서 확실히 건져진 상태이다.

17. *Necessarium videtur animabus in purgatorio sicut minui horrorem, ita augeri charitatem.*

연옥에 있는 영들은 공포가 감소하고 사랑이 증가되어야 마땅하다.

18. *Nec probatum videtur ullis, aut rationibus, aut scripturis, quod sint extra statum meriti seu augendae charitatis.*

연옥에 있는 영들은 결코 공로를 얻을 수 없으며, 사랑도

성장할 수 없다는 말은 그 어떤 이성의 근거와 성서로도
증명할 수 없는 주장으로 보인다.

19. *Nec hoc probatum esse videtur, quod sint de sua beatitudine
certae et securae, saltem omnes, licet nos certissimi simus.*

비록 우리가 모두 각자의 구원을 확신하고 있다 한들, 연
옥의 영혼들이 자기 구원에 대해 최소한의 것이라도 확신
하고 있는지 증명할 길은 없어 보인다.

20. *Igitur Papa per remissionem plenariam omnium poenarum,
non simpliciter omnium intelligit, sed a seipso tantummodo
impositarum.*

그러므로 교황이 '모든 죄를 완전히 사면한다.'고 선언할
때, 그것은 말 그대로 모든 죄를 사면한다는 뜻이 아니라
단지 교회가 부과한 징계에 한하여 사면한다는 뜻일 뿐이
다.

21. *Errant itaque indulgentiarum praedicatores ii, qui dicunt per
Papae indulgentias, hominem ab omni poena solvi et salvari.*

그 때문에, 교황의 사면증이 모든 죄의 형벌을 풀고, 죄인
을 구원할 수 있다고 선전하는 면죄부 설교자들의 말은
모두 엉터리다.

22. *Quin nullam remittit animabus in purgatorio, quam in hac vita
debuissent secundum Canones solvere.*

사실상 교황은 연옥에 있는 영들의 어떤 형벌도 사면할

수 없다. 교회법을 위반한 형벌은 살아있는 동안 치렀어야
할 일이다.

23. *Si remissio ulla omnium omnino poenarum potest alicui dari;
certum est eam non nisi perfectissimis .i. paucissimis, dari.*

> 만일 모든 죄벌(罪罰)에 대한 완전한 사면이 누군가에게 허
> 락된다면, 이는 가장 완전한 사람에게만, 즉 매우 극소수
> 의 사람에게만 해당될 것이다.

24. *Falli ob id necesse est, maiorem partem populi: per indifferen-
tem illam et magnificam poenae solutae promissionem.*

> 그러므로 수많은 사람들이 죄의 모든 형벌에서 해방된다
> 는 무제한적이고 허울 좋은 약속에 속고 있는 것이다.

25. *Qualem potestatem habet Papa in purgatorium generaliter
talem habet quilibet Episcopus et curatus in sua diocesi, et parochia
specialiter.*

> 모든 주교와 사제도 자신에게 맡겨진 관구와 교구에서 연
> 옥에 대한 교황의 권세를 동일하게 행사할 수 있다.

26. *Optime facit Papa, quod non potestate clavis (quam nullam
habet) sed per modum suffragii, dat animabus remissionem.*

> 교황이 연옥에 있는 영들의 형벌을 사면하기 위해 열쇠의
> 권위 대신 중보기도를 사용한다면 매우 바람직한 일이다.
> 사실 교황의 권세는 연옥에 아무런 영향을 끼치지 못한다.

27. *Hominem praedicant, qui statim, ut iactus nummus in cistam tinnierit, evolare dicunt animam.*

> [연보궤 안에 넣은] 돈이 상자 속에서 울리는 순간, 영혼은 하늘로 뛰어오른다고 말하는 것은 '인간이 만든 교설'을 외치는 것이다.

28. *Certum est, nummo in cistam tinniente, augeri quaestum et avariciam posse: suffragium autem ecclesiae est in arbitrio dei solius.*

> [연보궤 안에 넣은] 돈이 상자 속에서 울리는 순간, 이득과 탐욕은 증가한다. 이것은 틀림없는 사실이다. 이에 반해, 교회의 중보기도는 하나님의 선한 뜻을 따르는 것이다.

29. *Quis scit si omnes animae in purgatorio velint redimi, sicut de sancto Severino et Paschali factum narratur.*

> 성 세베리누스(St. Severinus)과 파샤시우스(St. Paschasius)에 관한 전승이 알려주듯, 연옥에 있는 모든 영이 거기서 구원받기를 원하는지 아닌지, 그 누가 알겠는가!

30. *Nullus securus est de veritate suae contritionis, multo minus de consecutione plenarie remissionis.*

> 자기가 행한 회개의 진실성을 확신할 수 있는 사람은 아무도 없다. 하물며 완전한 사면을 받았다고 어떻게 확증할 수 있겠는가!

31. *Quam rarus est vere penitens, tam rarus est vere indulgentias redimens, i. e. rarissimus.*

진실한 마음으로 참회하는 자가 드물 듯, 순전한 마음으로 면죄부를 사는 사람도 드물다. 분명히 드물다.

32. *Damnabuntur ineternum cum suis magistris, qui per literas veniarum securos sese credunt de sua salute.*

누구든지 면죄부를 받고 구원받았다고 확신하는 사람은 그렇게 가르치는 저들의 선생과 함께 영원히 저주 받을지어다!

33. *Cavendi sunt nimis, qui dicunt venias illas Pape donum esse illud dei inestimabile, quo reconciliatur homo deo.*

교황의 사면증을 가리켜 하나님과 인간을 화해케 하는 하나님의 측량할 수 없는 선물이라고 말하는 자들을 특별히 경계해야 한다.

34. *Gratie enim ille veniales tantum respiciunt penas satisfactionis sacramentalis ab homine constitutas.*

왜냐하면 이것이 전해주는 은혜는 단지 인간이 정한 형벌, 즉 성례전적인 '보속'을 요구하는 형벌에만 적용되기 때문이다.

35. *Non christiana predicant, qui docent, quod redempturis animas vel confessionalia non sit necessaria contritio.*

참으로 비기독교적 가르침이라고 할 수 있는 것은, 돈을

주고 연옥의 영혼을 구해 낼 수 있다고 가르치는 것과 특
별증서(*confessionalia*)를 구입하면 더 이상 참회할 필요가 없
다고 설교하는 것이다.

36. *Quilibet christianus vere compunctus habet remissionem
plenariam a pena et culpa etiam sine literis veniarum sibi debitam.*

　　참으로 회개하는 그리스도인이라면, 교황의 사면증이 없
　　어도 죄와 형벌로부터 완전한 사면을 누린다.

37. *Quilibet versus christianus, sive vivus sive mortuus, habet
participationem omnium bonorum Christi et Ecclesie etiam sine
literis veniarum a deo sibi datam.*

　　참된 그리스도인이라면 사나 죽으나 가릴 것 없이 그리스
　　도와 교회가 소유한 모든 유익을 함께 누린다. 하나님께선
　　이 모든 것을 사면증과 상관없이 주셨다.

38. *Remissio tamen et participatio Pape nullo modo est
contemnenda, quia (ut dixi) est declaratio remissionis divine.*

　　그러나 교황의 공적인 사면 선언과 징계에 대한 관여를
　　결코 무시하면 안 된다. 왜냐하면 이미 말한 대로, 그것은
　　대리자로서 하나님의 사면을 선언하는 행위이기 때문이
　　다.

39. *Difficillimum est etiam doctissimis Theologis simul extollere
veniarum largitatem et contritionis veritatem coram populo.*

　　사면증의 유익과 참된 회개의 필요성을 동시에 한 자리에

서 가르치는 것은 학식 있는 신학자에게 불가능한 일이다.

40. *Contritionis veritas penas querit et amat, Veniarum autem largitas relaxat et odisse facit, saltem occasione.*

참으로 회개하는 죄인은 죄에 따른 형벌을 달게 받는다. 반면에 수많은 사면증들은 형벌에 대해 둔감하게 만들고, 형벌을 멀리하게 만들며, 적어도 이런 일에 대한 빌미를 제공한다.

41. *Caute sunt venie apostolice predicande, ne populus false intelligat eas preferri ceteris bonis operibus charitatis.*

사도적 사면권을 설교할 때, 그것이 그리스도의 사랑으로 행하는 선행보다 나은 것처럼 오해하지 않도록 신중히 가르쳐야 한다.

42. *Docendi sunt christiani, quod Pape mens non est, redemptionem veniarum ulla ex parte comparandam esse operibus misericordie.*

그리스도인들에게 이것을 분명히 가르쳐야 한다. 선한 사랑의 실천을 사면증 구입과 비교하는 일은 얼토당토않은 일이며, 이것은 교황의 의도와 상관없다.

43. *Docendi sunt christiani, quod dans pauperi aut mutuans egenti melius facit quam si venias redimeret.*

그리스도인들에게 이것을 분명히 가르쳐야 한다. 가난한 사람을 도와주고 궁핍한 사람에게 꾸어주는 것은 사면증을 구입하는 것과 비할 바 없이 선한 일이다.

44. *Quia per opus charitatis crescit charitas et fit homo melior, sed per venias non fit melior sed tantummodo a pena liberior.*

> 왜냐하면 선행을 통해 사랑은 성장하고, 그 일을 통해 인간은 더욱 선한 사람이 되어가기 때문이다. 그러나 사면증으로는 선하게 될 수 없고, 오직 형벌에서 벗어날 뿐이다.

45. *Docendi sunt christiani, quod, qui videt egenum et neglecto eo dat pro veniis, non idulgentias Pape sed indignationem dei sibi vendicat.*

> 그리스도인들에게 이것을 분명히 가르쳐야 한다. 궁핍한 자를 지나치면서 사면증을 구입하는 사람은, 교황의 사면이 아니라 하나님의 진노를 사들이는 것이다.

46. *Docendi sunt christiani, quod nisi superfluis abundent necessaria tenentur domui sue retinere et nequaquam propter venias effundere.*

> 그리스도인들에게 이것을 분명히 가르쳐야 한다. 재산이 풍족한 사람이 아니라면, 가족을 위해 필요한 것을 저축할 의무가 있고, 사면증 구입에 낭비하면 안 된다.

47. *Docendi sunt christiani, quod redemptio veniarum est libera, non precepta.*

> 그리스도인들에게 이것을 분명히 가르쳐야 한다. 사면증 구입 여부는 선택사항이지 강제할 일이 아니다.

48. *Docendi sunt christiani, quod Papa sicut magis eget ita magis*

optat in veniis dandis pro se devotam orationem quam promptam
pecuniam.

그리스도인들에게 이것을 분명히 가르쳐야 한다. 교황이
사면증을 발행하면서 진실로 원하는 것은 사람들이 가져
오는 돈이 아니라 더욱 경건한 기도가 필요하다는 것이다.

49. *Docendi sunt christiani, quod venie Pape sunt utiles, si non in*
eas confidant, Sed nocentissime, si timorem dei per eas amittant.

그리스도인들에게 이것을 분명히 가르쳐야 한다. 교황의
사면증은 사람들이 그것에 신뢰를 두지 않을 때만 유용하
다. 사면증에 매달려 하나님을 향한 두려움이 없어질 정도
라면 그것은 매우 해로운 것이다.

50. *Docendi sunt christiani, quod si Papa nosset exactiones*
venialium predicatorum, mallet Basilicam s. Petri in cineres ire
quam edificari cute, carne et ossibus ovium suarum.

그리스도인들에게 이것을 분명히 가르쳐야 한다. 만일 교
황이 면죄부 설교자들의 갈취(喝取) 행위들을 안다면, 그는
자기 양의 가죽과 살과 뼈로 베드로 성당을 올려 세우기
보다 차라리 불태워 잿더미가 되는 것을 바랄 것이다.

51. *Docendi sunt christiani, quod Papa sicut debet ita vellet, etiam*
vendita (si opus sit) Basilicam s. Petri, de suis pecuniis dare illis, a
quorum plurimis quidam concionatores veniarum pecuniam
eliciunt.

그리스도인들에게 이것을 분명히 가르쳐야 한다. 만일 교

황이 면죄부 설교자들이 갈취한 돈에 대해서 안다면, 당연
히 베드로 성전을 팔든지 아니면 교황이 자신의 재산을
청산해서라도 면죄부를 구입한 사람들의 돈을 반환해 줄
것이다.

52. *Vana est fiducia salutis per literas veniarum, etiam si
Commissarius, immo Papa ipse suam animam pro illis
impigneraret.*

교황이 발행한 사면증에 의지해서 구원을 받으려는 것은
한낱 부질없는 짓이다. 판매 위탁자나, 아니, 교황이 그 증
서에 대해 자기 영혼을 걸고 보증한다 하더라도 마찬가지
다.

53. *Hostes Christi et Pape sunt ii, qui propter venias predicandas
verbum dei in aliis ecclesiis penitus silere iubent.*

하나님의 말씀 대신 면죄부 선전을 하도록 교회마다 명령
하는 사람들이야말로 그리스도와 교황의 원수다.

54. *Iniuria fit verbo dei, dum in eodem sermone equale vel longius
tempus impenditur veniis quam illi.*

사면증에 대한 말을 하나님 말씀의 분량과 같거나 더 할
애하는 것은 설교시간을 부당하게 사용하는 것이다.

55. *Mens Pape necessario est, quod, si venie (quod minimum est)
una campana, unis pompis et ceremoniis celebrantur, Euangelium
(quod maximum est) centum campanis, centum pompis, centum*

ceremoniis predicetur.

> 교황의 견해는 틀림없이 아래와 같을 것이다. 교황이 발행한 사면증(*indulgentia*)은 매우 작은 일이어서 행진하는데 종하나만 필요하고 한 번의 예배로 충분한 반면, 복음은 백 개의 종을 울리며 백 번 행진하고 백 번 예배해야 할 만큼 매우 중요하다.

56. *Thesauri ecclesie, unde Pape dat indulgentias, neque satis nominati sunt neque cogniti apud populum Christi.*

> 교황이 발행하는 사면증은 '교회의 보화'라는 교설을 근거로 한다. 그러나 이에 대해서 교회 안에서 충분히 논의된 적도, 알려진 적도 없다.

57. *Temporales certe non esse patet, quod non tam facile eos profundunt, sed tantummodo colligunt multi concionatorum.*

> 실제로 그것을 교회의 보화라고 말할 수조차 없다. 왜냐하면 수많은 설교자들이 거저 내어주기보다 그저 거둬 들이기만하기 때문이다.

58. *Nec sunt merita Christi et sanctorum, quia hec semper sine Papa operantur gratiam hominis interioris et crucem, mortem infernumque exterioris.*

> 그 보화는 그리스도와 성인들의 공로로 이뤄진 것이 아니다. 진실로 교회의 보화란 교황의 도움 없이도 속사람에겐 은혜를, 겉사람에겐 십자가와 죽음과 지옥을 가져다주는 것이기 때문이다.

59. *Thesauros ecclesie s. Laurentius dixit esse pauperes ecclesie, sed locutus est usu vocabuli suo tempore.*

성 라우렌티우스는 '가난한 사람들이야말로 교회의 진정한 보화'라고 말했다. 여기서 그는 그때 그 자리의 의미를 살려 그렇게 말한 것이다.

60. *Sine temeritate dicimus claves ecclesie (merito Christi donatas) esse thesaurum istum.*

그리스도의 공로를 통해 교회가 얻게 된 열쇠의 권능은 이런 종류의 보화라고 할 수 있다.

61. *Clarum est enim, quod ad remissionem penarum et casuum sola sufficit potestas Pape.*

왜냐하면, 죄벌에 대한 사면과 소송의 해결은 교황의 권세로 충분하기 때문이다.

62. *Verus thesaurus ecclesie est sacrosanctum euangelium glorie et gratie dei.*

교회의 참된 보화는 하나님의 영광과 은총을 다루는 가장 거룩한 '복음'이다.

63. *Hic autem est merito odiosissimus, quia ex primis facit novissimos.*

그러나 이 보화는 가장 멸시 받는다. 복음은 먼저 된 자를 나중으로 만들기 때문이다.

64. *Thesaurus autem indulgentiarum merito est gratissimus, quia ex novissimis facit primos.*

반면에 사면의 보화는 지극히 환영받는다. 그것은 나중 된 자를 먼저 된 자로 만들기 때문이다.

65. *Igitur thesauri Euangelici rhetia sunt, quibus olim piscabantur viros divitiarum.*

그러므로 복음의 보화는 그물과 같아서, 예로부터 그 그물로 사람들을 풍성히 건져 올렸다.

66. *Thesauri indulgentiarum rhetia sunt, quibus nunc piscantur divitias virorum.*

이에 비해 사면의 보화는 그물과 같아서, 지금 그 그물로 돈을 풍성히 낚아 올린다.

67. *Indulgentie, quas concionatores vociferantur maximas gratias, intelliguntur vere tales quoad questum promovendum.*

면죄부 설교자들이 '큰 은총'이라고 외쳐대는 사면증이 재물 축적의 수단으로 이용되는 한 실제로 그렇게 이해될 수밖에 없다.

68. *Sunt tamen re vera minime ad gratiam dei et crucis pietatem comparate.*

그러나 하나님의 은총과 십자가의 자비에 견주어본다면, 그것은 참으로 티끌보다 못한 것이다.

69. *Tenentur Episcopi et Curati veniarum apostolicarum Commissarios cum omni reverentia admittere.*

주교와 교구 사제들은 사도계승의 권위를 부여받은 대사 (大赦, *indulgentia*) 대리인들을 온갖 경의를 다해 영접할 직무 상 의무가 있다.

70. *Sed magis tenentur omnibus oculis intendere, omnibus auribus advertere, ne pro commissione Pape sua illi somnia predicent.*

그러나 그 보다 더 큰 의무는 저들이 위임받은 사항 대신 자기들의 희망사항을 선전하지 않는지 눈과 귀를 열어 감 시하는 것이다.

71. *Contra veniarum apostolicarum veritatem qui loquitur, sit ille anathema et maledictus.*

사도적 진리인 사면권을 반대하며 말하는 자는 파문 받고 저주 받을지어다!

72. *Qui vero, contra libidinem ac licentiam verborum Conciona-toris veniarum curam agit, sit ille benedictus.*

그러나 면죄부 설교자의 뻔뻔함과 오만한 말을 경계하고 반대하는 자에겐 복 있을지어다!

73. *Sicut Papa iuste fulminat eos, qui in fraudem negocii veniarum quacunque arte machinantur,*

사면증 판매를 방해하며 손쓰는 자에게 교황의 파문 결정 이 내려지는 것은 옳다.

74. *Multomagnis fulminare intendit eos, qui per veniarum pretextum in fraudem sancte charitatis et veritatis machinantur,*

그러나 그보다 더 옳은 일은, 사면증을 구실 삼아 거룩한 사랑과 진리를 가리며 방해하는 자를 교황이 파문하고 출교시키는 일이다.

75. *Opinari venias papales tantas esse, ut solvere possint hominem, etiam si quis per impossibile dei genitricem violasset, Est insanire.*

불가능한 말이지만, 교황의 사면증엔 대단한 능력이 있어서 하나님의 어머니를 능욕하더라도 그 죄를 용서할 수 있다고 생각하는 건 정신 나간 짓이다.

76. *Dicimus contra, quod venie papales nec minimum venialium peccatorum tollere possint quo ad culpam.*

우리가 주장하는 것은 정반대다. 교황의 사면증은 제아무리 작은 죄라 할지라도 그 죄를 지울 수 없다.

77. *Quod dicitur, nec si s. Petrus modo Papa esset maiores gratias donare posset, est blasphemia in sanctum Petrum et Papam.*

'지금 베드로가 교황으로 온다하더라도 면죄부보다 더 큰 은총을 줄 수 없다'고 선전하는데, 그것이야말로 베드로와 교황에 대한 모독이다.

78. *Dicimus contra, quod etiam iste et quilibet papa maiores habet, scilicet Euangelium, virtutes, gratias, curationum &c. ut Co. XII.*

우리는 그런 말에 경멸한다. 현재 교황과 모든 교황들은 그보다 더 큰 은총, 즉 고린도전서 12장에 선포된 것처럼, 복음과 여러 능력 그리고 치유의 은사를 가지고 있다고 우리는 주장한다.

79. *Dicere, Crucem armis papalibus insigniter erectam cruci Christi equivalere, blasphemia est.*

교황의 팔에 장식으로 새겨진 십자가 무늬가 그리스도의 십자가와 똑같은 효력이 있다고 말하는 것은 신성모독이다.

80. *Rationem reddent Episcopi, Curati et Theologi, Qui tales sermones in populum licere sinunt.*

이같은 교설이 군중들에게 버젓이 설교되는 것을 묵인하는 주교와 교구 사제, 그리고 신학자들은 이에 대한 마땅한 책임을 져야한다.

81. *Facit hec licentiosa veniarum predicatio, ut nec reverentiam Pape facile sit etiam doctis viris redimere a calumniis aut certe argutis questionibus laicorm.*

이런 뻔뻔스런 면죄부 설교 때문에 일반 신자들조차 교황을 모독하고 신랄한 질문을 던진다. 이런 상황에 제 아무리 박식한 사람이라 해도 교황의 명예를 지켜주기란 쉽지 않다.

82. *Scilicet. Cur Papa non evacuat purgatorium propter sanctissimam charitatem et summam animarum necessitatem ut*

causam omnium iustissimam, Si infinitas animas redimit propter
pecuniam funestissimam ad structuram Basilice ut causam
levissimam?

예를 들어 사람들은 이렇게 묻는다. 가장 거룩한 사랑을
베푼다는 교황이 왜 연옥을 비우지 않는가? 이는 영혼의
가장 궁극적인 요청이고 신자들의 가장 정당한 요구라고
할 수 있다. 그런데 교황은 지금 대성당 건축이라는 매우
하찮은 이유 때문에 수많은 영혼들을 돈으로 팔아넘기고
있다.

83. *Item. Cur permanent exequie et anniversaria defunctorum et*
non reddit aut recipi permittit beneficia pro illis instituta, cum iam
sit iniuria pro redemptis orare?

또 이렇게 묻는다. 연옥에서 죗값을 치른 자를 위해 기도
하는 것은 온당치 않은 일인데, 무슨 이유로 죽은 자를 위
해 매번 돈을 받고 위령미사와 기도를 대신 드려주는 것
인가? 그것이 불의한 일인 줄 알면서도, 그런 목적의 헌금
을 되돌려주거나 그 관습을 없애지 않는 이유는 도대체
무엇이란 말인가?

84. *Item. Que illa nova pietas Dei et Pape, quod impio et inimico*
propter pecuniam concedunt animam piam et amicam dei redimere,
Et tamen propter necessitatem ipsius met pie et dilecte anime non
redimunt eam gratuita charitate?

또 이렇게 묻는다. 돈만 지불하면 불경건한 자와 하나님의
원수 된 영혼도 하나님의 친구요 경건한 영혼이 되도록

구해내면서, 참으로 경건하고 사랑스런 영혼들은 구해내
지 않는다. 이들의 절실한 간청을 알고도 동일한 사랑으로
구해내지 않는다면, 이 어찌 해괴한 하나님과 교황의 자비
란 말인가?

85. *Item. Cur Canones penitentiales re ipsa et non usu iam diu in
semet abrogati et mortui adhuc tamen pecuniis redimuntur per
concessionem indulgentiarum tanquam vivacissimi?*

또 이렇게 묻는다. 참회에 관한 교회법은 이미 오래전에
폐기되고 없어졌는데, 어찌하여 그 효력이 살아 있는 것처
럼 사면증을 판매하는가?

86. *Item. Cur Papa, cuius opes hodie sunt opulentissimis Crassis
crassiores, non de suis pecuniis magis quam pauperum fidelium
struit unam tantummodo Basilicam sancti Petri?*

또 이렇게 묻는다. 오늘날 교황은 부자 중에서도 가장 부
유한 부자인데, 왜 베드로 성당을 자기 돈이 아닌 가난한
신자들의 돈으로 건축하는가?

87. *Item. Quid remittit aut participat Papa iis, qui per contritionem
perfectam ius habent plenarie remissionis et participationis?*

또 이렇게 묻는다. 완전한 통회로 완전한 사면을 받고 영
적 보화에 참여할 권리를 얻은 사람들이 있다. 그런데 교
황은 이 사람들에게 면죄부를 주면서 도대체 무엇을 사면
하고, 또 어떤 보화를 주겠다는 것인가?

88. *Item. Quid adderetur ecclesie boni maioris, Si Papa, sicut semel facit, ita centies in die cuilibet fidelium has remissiones et participationes tribueret?*

> 또 이렇게 묻는다. 지금 교황은 하루에 딱 한 번만 죄를 용
> 서하고 보화를 나누어주는데, 하루에 백번 용서하고 백번
> 나누어준다면 교회는 얼마나 더 큰 복을 얻겠는가?

89. *Ex quo Papa salutem querit animarum per venias magis quam pecunias, Cur suspendit literas et venias iam olim concessas, cum sint eque efficaces?*

> 또 이렇게 묻는다. 교황의 사면증은 돈이 아니라 사죄를
> 통한 영혼 구원에 목적이 있다고 하면서, 왜 예로부터 발
> 행된 사면증서들과 사면 선언들의 효력을 모조리 정지시
> 키는가? 예전 사면과 지금 사면은 효력이 다르단 말인가?

90. *Hec scrupulosissima laicorum argumenta sola potestate compescere nec reddita ratione diluere, Est ecclesiam et Papam hostibus ridendos exponere et infelices christianos facere.*

> 일반 신자들이 던지는 예리하고 불편한 질문들을 정당한
> 이유 없이 권력으로 누르고 입막음 한다면, 그것이야말로
> 교황의 반대자들에겐 비웃음거리를, 그리스도인들에겐
> 불행한 일이 될 것이다.

91. *Si ergo venie secundum spiritum et mentem Pape predicarentur, facile illa omnia solverentur, immo non essent.*

> 그러므로 교황의 바른 정신과 뜻에 따라 사면이 선포되었

다면, 이 같은 질문들은 쉽게 해결되었을 것이다. 아니,
'사면증'이라는 것 자체가 존재하지도 않았을 것이다.

92. *Valeant itaque omnes illi prophete, qui dicunt populo Christi*
'Pax pax,' et non est pax.

> 평안이 없는 곳에서 그리스도의 백성에게 "평안하다, 평
> 안하다" 외치는 모든 선지자들이여, 물러갈지어다!

93. *Bene agant omnes illi prophete, qui dicunt populo Christi 'Crux*
crux,' et non est crux.

> 십자가 없는 곳에서 그리스도의 백성에게 "십자가, 십자
> 가" 외치는 모든 선지자들이여, 복 있을지어다!

94. *Exhortandi sunt Christiani, ut caput suum Christum per penas,*
mortes infernosque sequi studeant,

> 머리되신 그리스도를 본받아 고난과 죽음과 지옥까지 통
> 과하는 자가 그리스도인이다.

95. *Ac sic magis per multas tribulationes intrare celum quam per*
securitatem pacis confidant.

> 그러므로 그리스도인이라면, 안전하게 보장된 평화보다
> 는 수많은 시련을 통해 하늘에 들어간다는 것을 더욱 굳
> 건히 신뢰해야 한다.

마르틴 루터 95개 논제 역주

사면증의* 효력에 관한 논제

진리에 대한 사랑과 열정, 그리고 이를 밝히려는 열망으로, 비텐베르크의 문학사이며 신학을 가르치기 위해 임명받은 교수 마르틴 루터가 이하의 논제들을 공개적으로 논의할 것이다. 직접 참여할 수 없는 사람들은 서신으로 토론하길 요청한다.** 우리 주 예수 그리스도의 이름으로. 아멘.

    * 용어에 관해 〈일러두기〉를 참조하라.

    ** 95개 논제는 수사학적 논증방식으로 구성된 작품으로써, 이 부분은 도입(*exordium*)부에 속한다. 이를 통해 루터는 자신의 진술이 학문적 토론에 합당한 학자의 자격이 있으며, 이하의 논제가 모든 이들에게 확대되길 열망하는 마음으로 도입부를 마감한다.

1. 우리의 주요, 선생이신 예수 그리스도께서 "회개하라. …"[마 4:17] 명령하셨을 때, 그 뜻은 신자의 모든 삶이 돌아서는 것이다.

    논제 제1-4조는 통용되는 사실과 전체 논지의 전개에 필요한 전제를 소개하는 서술(narratio)에 해당한다. 그러므로 이 서술부는 루터의 논제에서 가장 중심이 되는 사상이라고 할 수 있다. 특히 95개 논제가 마태복음 4:17의 말씀으로 시작된 것은 종교개혁의 본질이 성경의 원리(sola Scriptura)로부터 시작했음을 드러내는 대목이다. 당시 교회의 전통적인 해석 방법은 "회개하라"는 예수님의 명령을 불가타(Vulgata)의 라틴어(penitentiam) 해석에 따라 고해성사와 연결했지만, 루터는 헬라어가 가진 원래의 의미로 돌려 놓는다. 그는 예수님의 이 메시지를 "마음을 새롭게 함으로 변화를 받으라"는 로마서 12:2 말씀과 마태복음 10장 말씀을 접목시켜, 참된 회개는 일회성 사건 또는 고해성사의 수행을 통해 끝나는 것이 아니라 평생 지속되어야 할 삶의 태도임을 강조한다.

2. 이 말씀은 사제가 집례 하는 고해성사, 즉 죄의 고백과 보속으로 이해될 수 없다.*

    제2조는 앞선 논제를 근거로 교회의 당시 상황을 비판하는 내용이다. 사실 이 내용은 그리 새로울 것이 없다. 왜냐하면, 당시 스콜라 학자들 역시 참된 참회와 성례전적 참

회(고해성사)가 구분되어 있다고 간주하기 때문이다. 루터
가 끊임없이 강조하는 것은, 그리스도의 참회 명령은 고해
성사가 아니라 참된 내적 회개를 목표로 한다는 점이다.

**3.   또한 이 말씀은 마음을 돌려세우는 내적 참회만 뜻하는 것도 아니
다. 절대 그런 뜻이 아니다. 마음의 회개가 육의 정욕을 제어하는 방식
으로 드러나지 않는다면, 그 회개는 아무짝에도 쓸모가 없다.**

제3조에 대한 『논제해설』(1518)에서 루터는 "너희 몸을 하
나님이 기뻐하시는 거룩한 산 제물로 드리라"(롬 12:1)는 사
도 바울의 말씀에서 출발하여, 산제물이 되는 구체적인 방
법으로 로마서 12:3-21을 소개한다. 루터는 여기서 예수님
이 산상설교에서 가르치신 '기도 금식 자선'을 고백성사
의 보속을 구성하는 세 부분으로 인정한다. 그리고 이를
구체적으로 실천하는 것이 곧 하나님과 이웃을 섬기는 방
편으로 설명한다. 다만, 그는 이런 삶의 실천은 참회의 열
매로 드러나는 것이지, 그 열매가 내적인 참회를 만들어낼
수 없다는 것을 분명히 한다. 중요한 것은 참회라는 말의
성서적 의미이다.

**4. 사람이 자기 자신을 끊임없이 미워하는 한, 죄에 대한 징벌은 계속될
것이다. 이것이야말로 진실한 마음의 회개이다. 우리가 하늘나라에 가
기까지 이 회개는 계속되어야 한다.**

제4조는 앞선 제1-3조에 대한 논리적 귀결이다. "사람이 자신을 끊임없이 미워한다"는 것은 신앙의 기본자세라 할 수 있는 자기부정의 태도를 뜻한다. 회개란 인간의 욕망을 억누르는 마음의 돌아섬인 동시에 그 마음은 언제나 자신의 육체와 삶에 대한 절제의 모습으로 드러나야 한다. 여기서 루터는 제1-3조를 근거로 신자의 전 생애가 참된 참회와 십자가의 삶이 되어야 하면, 거기서 신앙인의 십자가는 죽음에 이를 때 까지 계속되며, 결국 죽음으로 그 나라에 들어가는 것이 맞다고 가르친다. 루터는 그의 『논제해설』(1518)에서 신앙의 선조들과 순교자들의 모범이 이를 증명한다고 덧붙인다.

5. 교황은 자신의 판결 혹은 교회법의 판결에 따라 부과한 형벌 외에 어떤 죄도 사면할 권세나 의지를* 갖지 못한다.

루터가 공개적인 신학토론의 형식으로 논의하고자하는 핵심주제가 바로 제5조이다. 수사학적 구성으로 보자면 제5조는 논쟁의 핵심을 제시하는 논의 현황(*status controversiae*)에 해당한다. 루터는 이 논제를 통해 인간의 구원과 교회의 역할을 지식인 사회에서 토론하길 원했다.

* 인간은 본질적으로 죄인이다. 죄인이 용서할 권한과 용서 의지(*Wille*)를 갖는다는 것은 논리적으로 불가능하다. 인간은 용서받아야 할 존재이지, 그 반대는 아니다. 교회의

최고 지도자라 해도 마찬가지다. 용서의 권한과 참된 의지는 죄인인 인간이 아니라 오직 하나님에게 속해 있다는 것이 루터와 종교개혁자들의 일관된 사상이다. 이것이 루터가 주장한 칭의론의 핵심이다.

참조, 제5조에 대한 논제 해설에서 루터는 '교회 형벌과 교황의 사면권'을 여섯 가지 종류로 구분하여 설명한다. 이 설명은 『논제해설』에서 이하 조항의 논지를 펼쳐나갈 때 기본이 되는 핵심 개념으로 작동한다. 요약은 아래와 같다. (1) 영원한 형벌: 저주받은 자들이 가는 지옥은 교회가 발행하는 사면증의 효력과 아무런 관련이 없다. 교황과 주교의 권한 밖이다. 오직 하나님 한 분만이 모든 죄와 형벌을 용서할 수 있다. (2) 연옥의 형벌: 연옥의 형벌은 교회의 권한 밖에 있다. 여기서 루터는 '동전이 헌금함에 떨어지는 순간 연옥에 있던 영혼이 풀려난다'는 식으로 설교하던 면죄부 설교자들을 염두에 두고, 이런 가르침을 단호히 배격한다. (3) 자발적이고 복음적인 형벌: 이 형벌은 성령의 권위에 근거한 영적 참회에 따른 자발적인 형벌이기에 사제가 그 형벌에 관계 할 수 없다. (4) 하나님의 교정과 징벌로서의 형벌: 하나님의 백성을 바로 잡기 위한 형벌을 뜻한다. 루터는 이에 대한 성경의 근거로 시편 89편 외에 다양한 구절을 제시한다. 교정과 징벌로서의 형벌 역시 교황의 권위와 비할 바 없는 하나님의 것으로 설명한다. 즉 이 징벌 역시 교황이 사면할 권리가 없다. 다만, 루터가 연약한 자들을 위해 형벌을 덜어줄 수 있다고 설명하는 대목은 특별하다. 하지만 이런 경우에도 교황이 가진 '열쇠의 권세'가 아니라 오직 교회 공동체의 '눈물과 기도'만이 형벌을 덜 수 있다고 강조한다. (5) 교회가 제정한 교회법적 형벌: 사면의 합당한 이유가 있을 때, 교황은 교회법 테두리 안에서 사면권을 행사할 수 있다. 그러나 하나님의 법과 공의를 넘어설 권세가 교황에게 없으므로, 하나님의 권세를 자신의 권세로 여기는 '면죄부'의 경우 아주 사악한 생각이라고 비판한다. (6) 하나님의 정의를 채우기 위해 필요한 형벌: 이는 앞선 세 번째와 다섯 번째 형벌이 충분치 않다고 여겨졌을 때 추가되는 형벌로서, 기도 금식 자선의 형태로 부가되는 형벌이다. 이 형벌 역시 교황의 권한 밖에 있는 것으로 루터는 설명한다.

6. 교황의 사면권은 제한적이다. 그 때문에 하나님께서 죄를 용서했다는 것을 선언하거나 인정하는 것 외에는 어떤 것도 허용되지 않는다. 또한 이 사면의 권리를 무시하는 사람의 죄도 그대로 남는다.

논제 제6-80조는 논증(*confirmatio*)에 해당한다. 앞선 제5조에서 선언된 주장을 뒷받침하는 논증을 펼치기 위해 이하 논제에서 다섯 단락의 주제별 논증이 구성된다. (1) 사면에 관한 교황의 한계(논제 6-20), (2) 사면증 설교의 오용과 거짓 주장(논제 21-40), (3) 교황이 발행한 사면증에 관한 올바른 가르침(논제 41-55), (4) 교회의 보화에 대한 오용과 바른 이해(논제 56-68), (5) 교회 지도자에게 부여된 면죄부 설교자 통제권(논제 69-80).

　　루터는 그의 『논제해설』 제6조에서 "너희를 저버리는 자는 곧 나를 저버리는 자"(눅 10:16)라는 예수님의 말씀을 인용하면서 "사죄의 직분을 인정하지 않는 자의 죄도 그대로 남는다"고 설명한다. 이를 통해 그는 교회에 위임된 권위에 대해 논증을 시작한다.

7. 하나님의 대리자로 세워진 사제에게 하나님 대하듯 순종하지 않고, 그를 멸시하는 자가 있다면, 하나님은 그 죄도 용서치 않는다.

　　『논제해설』 제7조, "우리는 여기서 '만일 사제가 죄를 범하면 어떻게 하겠는가?'라는 질문은 고려하지 않겠다. 왜냐하면, 사죄는 사제가 아니라 그리스도의 말씀에 달려 있기 때문이다."

8.　참회의 규정은* 오직 산 자에게만 적용되며, 죽은 자에겐 적용될 수 없다.

　　『논제해설』 제8조에서 루터는 "너희는 율법이 사람의 살 동안만 그를 주관하는 줄 알지 못하느냐"(롬 7:1)는 말씀을 근거로 논증을 시작하면서, 교회 역사에서 교회법이 죽은

자들에게도 오용되었던 사례를 언급하고, 이를 통해 교회
법의 효력은 죽은 자에게 적용될 수 없다는 것을 강조한
다.

* 교회법으로 규정한 참회(고해성사) 규정

9. 그러므로 성령은, 교황이 가진 권세가 죽음이나 어떤 곤궁한 사례에선 그의 힘이 미치지 못한다는 사실을 통해 우리에게 선하게 역사하신다.

『논제해설』 제9조에 따르면, 교황은 죽음에 대한 예외조
항을 만들 수 없다. "왜냐하면 죽음은 필연적 운명이며, 그
죽음은 법을 알지 못하기 때문이다. 오직 죽음만이 절대적
인 필연이며 모든 것 중에서도 가장 최종적인 것이기 때
문이다." 즉, 인간이 만든 어떤 교회법도 죽은 자에게 적용
될 수 없고, 성령의 법만이 죽음의 권세를 이길 수 있다는
의미이다.

10. 참으로 무지하고 어리석은 짓은, 죽어 연옥에 있는 자들에게 교회법이 정한 형벌을 적용하는 사제들의 행동이다.

『논제해설』 제10조, "… 하나님께서 이미 당신의 엄위한
법정 앞으로 부른 사람에 대해 교회가 자신의 열등한 사
법권으로 형벌을 부과하는 것은 참으로 사악한 행위임이
틀림없다."

11. 교회법을 위반하여 생긴 죄벌을, 연옥의 형벌로 바꿔치기 하는 가라지는 확실히 주교들이 잠자는 동안 심겨진 것이다[마 13:25].

> 『논제해설』 제11조, "여기서 참으로 요청하는 것은, 내가 존귀한 교회의 주교(감독)들을 비방하고 있다고 여기지 말라는 것이다. … 교회의 참된 주교(감독)들은 교회법이 규정한 형벌들이 연옥에 적용된다고 가르치지 않는다. 왜냐하면 이미 내가 말한 바와 같이, 그렇게 가르칠 수 있는 근거가 되는 어떤 교회법이나 법령도 존재하지 않기 때문이다."

12. 예로부터 참회에 부과되는 보속은 사제의 사죄선언* 후가 아니라 이전 단계였다.

> 현대 로마 가톨릭교회에선 고해성사를 여섯 단계 곧 성찰(省察), 통회(痛悔), 정개(定改), 고백(告白), 사죄(赦罪), 보속(補贖)의 과정을 통해 이루어진다고 가르친다. 우선 참회자가 양심적으로 '성찰'을 하여 지은 죄를 생각해 내고, 그 죄를 진심으로 뉘우치며 가슴 아파하는 '통회', 다시는 이 같은 죄에 빠지지 않기로 결심하는 '정개'를 하고 나서, 하나님의 대리자인 사제 앞에 나아가 자기의 마음을 열어 죄를 낱낱이 '고백'한다. 그러면 사제는 '사죄'를 하고 '보속'을 정해 준다. 보속의 실천은 진실로 참회한다는 것을 행동으로 보여주는 증표가 된다. 그러나 루터 당시엔 통회/고

백/사죄/보속의 네 단계로 통용되었다. 루터는 이런 참회
의 순서가 고대 교회와 다르다는 것을 지적한다. 보속은
사제의 사죄선언 후가 아니라 그 직전 순서에 속한 것이
라고 설명한다. 이를 위해, 그의 『논제해설』(1518) 제12조에
서 히에로니무스, 암브로시우스, 키프리안, 디오니시우스,
그리고 성서의 몇 가지 사례를 근거로 제시한다.

* 중세 교회의 고해성사 순서에서 보속은 통회, 고백, 사
제의 사죄선언(*absolutio*) 다음에 오는 마지막 순서로 가르
쳤지만, 루터는 고대 교회의 용례를 들어 그 순서가 바뀌
었다는 것을 지적한다.

**13. 임종하는 사람은 그의 죽음으로써 이 세상의 모든 것에서 풀려나게
된다. 그는 교회법에 대해서도 죽은 것이므로 교회법이 부과한 징계에
서도 완전히 풀려난다.**

교회법은 살아있는 동안에만 유효하다. 『논제해설』 제13
조, "(만일 면죄부 설교자들의 논리대로라면), 기독교인은 모든 이
교도보다 더욱 비참한 자가 될 것이다. 왜냐하면 그가 죽
을 때 그리스도로 말미암은 자유를 얻는 것이 마땅한데,
살아 있는 자들의 율법이 죽음에서조차 그를 괴롭히는 꼴
이 되기 때문이다. … 교회법에 의한 형벌들은 오직 교회
법을 위반한 범죄에만 적용된다."

14. 영적인 강건함과 온전한 사랑을 이루지 못한 채 죽어가는 사람은
필연적으로 공포를 초래할 것이다. 온전함을 채우지 못한 만큼 그에 따
른 공포도 커진다.

> 이하에서 계속적으로 연옥에 대한 논리적 의심이 제기된
> 다. 『논제해설』 제14조, "이는 특히 요한일서 4:18, '사랑
> 안에 두려움이 없고 온전한 사랑이 두려움을 내쫓나니 두
> 려움에는 형벌이 있음이라'는 구절에 의해 지적된다. 그러
> 므로 온전한 사랑이 두려움을 내쫓는다면, 필연적으로 온
> 전치 못한 사랑은 두려움을 감당하지 못하게 되며, 두려움
> 은 그대로 남게 된다. … 영적인 건강은 악을 제거한다. 이
> 영적 건강은 곧 그리스도 안에서의 신앙과 사랑이다. …
> 모든 두려움과 공포는 불신앙에서 생기며, 모든 확신은 하
> 나님에 대한 신앙에서 비롯된다. 그리고 사랑은 바로 이
> 신앙에서 생긴다." 루터에게 '연옥'은 동시대 신학자들이
> 설명하는 것과 달리, 특정한 장소를 뜻하지 않는다. "연옥
> (*purgatorio*)이란 용어는 단지 옛 본성과 죄의 잔재를 깨끗
> 하게 '정화한다'(purge)는 뜻이 담겨 있을 뿐이다."

15. 다른 것은 말하지 않더라도, 연옥의 고통은 이 두려움과 공포만으로
도 가득 채울 수 있다. 그리고 이 두려움과 공포는 절망과 맞닿아 있다.

> 루터는 『논제해설』 제15조를 통해 연옥을 설명하고 있지
> 만, 당대 교회의 설명과 다른 방식으로 이해하고 있음이

분명하다. 그에게 연옥은 어떤 특정한 장소나 형태로 존재
하지 않는다. 다만 교부들과 성서의 논거를 통해 연옥은
곧 "공포의 장소"라는 데 방점을 둔다. 여기서 핵심은 연
옥을 구성하는 가장 큰 형벌이 연옥의 존재 자체나 연옥
의 형벌이 아니라 오히려 형벌에 대한 '두려움'이라고 설
명하면서, 그 두려움의 근원이 곧 '불신앙'이라고 강조한
다. "순교자들과 신실한 신앙을 가진 사람들에게서 명백
히 입증되는 것처럼, 불안을 조성하는 것은 형벌 자체가
아니라 오히려 형벌에 대한 두려움이고, 그 두려움으로부
터 도망치려는 욕망이다. 이것들은 하나님에 대한 신앙이
약한 데서 기인한다." 이와 같은 루터의 이해방식은 독일
신비주의자인 타울러(Johannes Tauler, 1300-1361)의 영향으로
추정된다. 이 지점이 특별한 이유는 후에 루터의 십자가
신학이 타울러의 이해를 바탕으로 발전하기 때문이다.

**16. 지옥, 연옥, 하늘은 각각 다르게 나타난다. 지옥은 절망이고, 연옥은
절망에 이르는 길이며, 하늘은 거기서 확실히 건져진 상태이다.**

『논제해설』 제16조, "진실로 우리가 믿는 하늘(천국)은 평
화, 기쁨, 확신이 하나님의 빛 가운데 가득한 곳이다. 이에
비해 어두움의 영역인 지옥은 절망, 슬픔, 공포가 가득한
곳이며 하나님의 진노를 피할 수 없는 곳이라고 믿는다.
연옥은 하늘과 지옥이라는 두 극단 사이의 중간이다."

17. 연옥에 있는 영들은 공포가 감소하고 사랑이 증가되어야 마땅하다.

『논제해설』 제17조에 따르면, "건강하지 못한 영은 사랑이 결핍된 상태"이기 때문이고, 이런 영이 온전함을 회복하기 위해 연옥에 가게 된다. 그리고 이를 위해 거기서 공포 가운데 죗값을 치른다. 논제 제16조와 연결하며 이해한다면, '연옥이 하늘나라에 들어가는 중간 상태'라면(16조), "온전한 영의 상태가 아니고서야 하늘에 들어갈 수 없다. 그 때문에 모든 영혼은 연옥에서 죗값을 치르는 만큼 불완전한 영이 온전하며 건강한 상태로 회복되며 사랑이 증가되고, 이에 비해 공포는 감소되어야 한다."

18. 연옥에 있는 영들은 결코 공로를 얻을 수 없으며, 사랑도 성장할 수 없다는 말은 그 어떤 이성의 근거와 성서로도 증명할 수 없는 주장으로 보인다.

일반적으로 연옥에 대한 설명은 성서적 전거 대신, 천국과 지옥의 중간상태라는 이성적 가설에 기초한다. 『논제해설』 제18조, "연옥에 있는 영은 구원받기 전에 의를 사랑해야 한다. 그 의는 곧 이 형벌을 집행하시는 하나님이시다. … 나는 연옥의 영혼들은 사랑 안에서 성장한다는 사실을 확증한다. 사도는 '하나님을 사랑하는 자에게는 모든 것이 합력하여 선을 이룬다'(롬 8:28)고 말했다. 이것은 구원을 추구하는 영혼은 선이 증가함을 뜻한다. 따라서 연옥

도 역시 하나님에 대한 사랑이 증가되는 곳이며, 진실로
하늘에 이르기까지 그 선이 증가된다." 성서의 관점에서
보자면, 당시 교회가 가르치던 연옥은 의심스러운 개념이
다. 루터는 『논제해설』 제18조 후반부에 아우구스티누스
를 비롯한 교부와 성서의 여러 구절들을 제시하면서 당시
교회가 설명하는 방식의 연옥은 성서 어디서도 근거를 찾
을 수 없다는 것을 분명히 한다. "위에서 언급한 모든 (성
경) 구절들은 연옥 개념 전체와 대립한다. 왜냐하면 성경
의 구절들은 정죄 받아 죽은 자들과 구원받은 자들 사이
에 그 어떤 중간 단계도 설정하지 않기 때문이다."

**19. 비록 우리가 모두 각자의 구원을 확신하고 있다 한들, 연옥의 영혼
들이 자기 구원에 대해 최소한의 것이라도 확신하고 있는지 증명할 길
은 없어 보인다.**

『논제해설』 제19조, "어떤 사람이 자기의 구원에 관해 확
신하고 있다고 말한다면, 그 주장에 대해 지나치게 반대할
생각은 없지만, 내 자신에 대해서만큼은 구원 문제가 확실
하다고 말하지는 않겠다. 그러나 (확인할 길 없는) 연옥의 영
혼들에 관한 문제는 모든 문제 가운데 가장 모호한 문제
라는 것은 명확하다."

20. 그러므로 교황이 '모든 죄를 완전히 사면한다'고 선언할 때, 그것은

말 그대로 모든 죄를 사면한다는 뜻이 아니라 단지 교회가 부과한 징계
에 한하여 사면한다는 뜻일 뿐이다.

『논제해설』 제20조, "신앙의 문제에 관한 한 교황 역시 무
분별하게 결정을 내릴 권세를 가지고 있지 않다. 그런데
지금 면죄부 설교자들이 그런 짓을 하고 있다. … 죄를 사
하는 것은 교회당국이 아니라 하나님과의 관계에서만 유
용하다. 이와 같은 의견에 대해 파노르미타누스는 반대하
며 정죄했지만, 나는 저 주장에 동의한다." 루터에게 있어
서 진정한 참회는 교황의 사면증 없이도 완전한 사면의
충분조건이 된다. 그러므로 진정으로 참회한 그리스도인
이라면 그것이 없어도 온전한 용서를 얻게 되며, 이로써
연옥의 형벌과 공포로부터 온전한 자유를 얻게 된다.

21. 그 때문에, 교황의 사면증이 모든 죄의 형벌을 풀고, 죄인을 구원할
수 있다고 선전하는 면죄부 설교자들의 말은 모두 엉터리다.

논제 제21-40조까지 면죄부 설교의 오용과 거짓된 주장
을 다룬다. 『논제해설』 제21조, "나는 이 논제를 단호하게
주장하며 확증한다. … (교황이 사면을 선언하더라도) 여전히 죄
에 대한 형벌(죄벌)은 남게 된다. 즉, 병과 죽음처럼 사람들
이 모든 형벌 가운데 가장 큰 형벌로 받아들이는 것들이
그대로 남는다. 거기엔 죽음의 공포, 양심의 떨림, 믿음의
연약, 영혼의 비겁함 같은 것도 포함된다."

22. 사실상 교황은 연옥에 있는 영들의 어떤 형벌도 사면할 수 없다. 교회법을 위반한 형벌은 살아있는 동안 치렀어야 할 일이다.

논제 제8조에 대한 반복이다. 『논제해설』 제22조, "교회법은 죽은 후에는 적용되지 않는다. 모든 현세의 형벌은 죽음으로 종결된다. … 또한, 터키인, 타르타인, 리보니아인에게 교황의 교회법이 구속력이 없는 것처럼 헬라인들에게도 적용될 수 없다. 사면의 효력은 오직 로마 교회의 권세 아래 들어온 자들에게만 필요한 것이다. 이처럼 교황의 사면이 살아있는 이들에게조차 구속력이 없는 것이라면, 교회의 사법권이 미치지 않는 영역이라 할 수 있는 죽은 자들에게는 훨씬 더 구속력이 없는 것이다."

23. 만일 모든 죄벌(罪罰)에 대한 완전한 사면이 누군가에게 허락된다면, 이는 가장 완전한 사람에게만, 즉 매우 극소수의 사람에게만 해당될 것이다.

여기서 "가장 완전한 사람", "극소수의 사람"은 십자가 길을 따라 가는 온전한 그리스도인을 암시한다. 『논제해설』 제23조에 따르면, "의심할 바 없이 참회에 의한 완전한 사면이 모든 사람에게 주어진다. … 그럼에도 불구하고 형벌의 세 번째 유형인 복음적 형벌은 여전히 남을 것이다. 비록 하나님이 당신의 모든 사람을 은혜로 완전하게 (아마 형벌 없이) 하실 수 있다고 해도, 그분은 그 길 대신 그의 아들의 형상, 즉 십자가를 향하도록 결정하셨다(롬 8:29)."

　　참고, 형벌의 유형에 관하여 논제 제5조의 각주해설을
참조하라.

24. 그러므로 수많은 사람들이 죄의 모든 형벌에서 해방된다는 무제한 적이고 허울 좋은 약속에 속고 있는 것이다.

　　『논제해설』 제24조에 따르면, '면죄부를 통해 모든 형벌
을 벗고 천국으로 날아오를 수 있다는 설교자들의 말은
순전한 속임수다.' 루터는 아래와 같이 풍자한다. "면죄부
를 소유하면 즉시 하늘로 날아오를 수있다고 말하는 자들
이 있다. … 면죄부를 구입한 다음에도 죄를 짓지 않는 사
람이 있다면 그 사람은 매우 비범한 사람임에 틀림없다.
그러나 그런 사람은 이 땅에 아무도 없다. … 나는 그런 말
을 하는 사람들과 전적으로 다르다. 완전히 참회하는 자,
즉 살아 있는 자기 육신의 정욕을 미워하고 죽음을 최고
로 사랑하는 자라면 누구든지 그의 형벌을 사함 받고 천
국에 오를 것이다. 그러나 당신 스스로 이처럼 참된 회개
를 하는 자가 얼마나 있는지 주위를 살펴보라."

25. 모든 주교와 사제도 자신에게 맡겨진 관구와 교구에서 연옥에 대한 교황의 권세를 동일하게 행사할 수 있다.

　　면죄부 설교자들과 연옥에 대한 두 번째 논증(논제 제25-29

조)이 시작된다. 『논제해설』 제25조, "나는 교황들이 연옥에 대한 사법권을 소유하고 있다는 것에 대해 의심하며 논박한다. … 교황이 가진 권위는 모든 그리스도인들이 가진 권위와 동등하게 서로를 중재하며 기도하고 금식하는 일에 관한 것이다. 이 논제는 명백한 진리이다. 교황이 (만성절에) 모든 교회들과 함께 영혼들을 위해 중재기도를 할 수 있듯, 그렇게 하고자 하는 모든 주교 역시 (성 미가엘의 날과 평일에) 자신의 관구에서 그리 할 수 있고, 교구 사제 역시 (장례 예식 또는 교회의 축일에) 할 수 있으며, 그 어떤 그리스도인이라도 원한다면 그리 할 수 있기 때문이다."

26. 교황이 연옥에 있는 영들의 형벌을 사면하기 위해 열쇠의 권위 대신 중보기도를 사용한다면 매우 바람직한 일이다. 사실 교황의 권세는 연옥에 아무런 영향을 끼치지 못한다.

논제 제25조와 제26조는 제8조와 제22조에 대한 부연설명이다. 즉 교황의 힘(열쇠의 권세)은 죽은 자의 세계인 연옥에 미치지 못하며, 모든 세례 받은 그리스도인들이 행할 수 있는 방식으로 도울 수 있을 따름이다(금식 기도 자선). 루터는 『논제해설』 제26조에서 마태복음 16:19절을 주해한 후 '교황의 권위가 사후 세계까지 미친다'는 주장을 "조악하고 무례한 미신"으로 단언한다. 그 다음, 자신의 주장을 여러 교부들의 진술을 통해 입증한다.

27. [연보궤 안에 넣은] 돈이 상자 속에서 울리는 순간, 영혼은 하늘로 뛰어오른다고 말하는 것은 '인간이 만든 교설'을* 외치는 것이다.

> 아마도 이것은 면죄부 설교자였던 테첼의 설교 내용이었을 것으로 추정되지만, 테첼의 문서에서 확인되진 않는다 (참고, 알브레히트 대주교에게 보낸 루터의 편지를 보라). 제27-40조까지 조항은 면죄부 설교자들의 설교내용을 구체적으로 제시하고 비판한다. 루터는 이를 『논제해설』 제에서 "사람이 만든 교리, 즉 허영과 거짓말"로 규정한다.
>
> * Plato, *Theaetetus*, 170.

28. [연보궤 안에 넣은] 돈이 상자 속에서 울리는 순간, 이득과 탐욕은 증가한다. 이것은 틀림없는 사실이다. 이에 반해, 교회의 중보기도는 하나님의 선한 뜻을 따르는 것이다.

> 『논제해설』 제28조에서 루터는 "교회의 중보기도는 교황의 사법권 밑에서 나오지 않는다"고 설명한다. 중보기도는 하나님의 선한 뜻이다. 교회의 중보와 교황의 권세는 서로 양립할 수 없으며, 어떠한 경우에라도 하나님의 뜻을 따르는 것이 지극히 옳다는 입장을 루터는 견지한다.

29. 성 세베리누스(St. Severinus)과 파샤시우스(St. Paschasius)에* 관한 전승이 알려주듯, 연옥에 있는 모든 영이 거기서 구원 받기를 원하는지 아닌지, 그 누가 알겠는가!

사후의 세계에 대해서 알 수 있거나 영향을 미칠 수 있는 사람은 어느 누구도 없다는 것을 강조한다.『논제해설』제 29조 "나는 이 두 사람에 관해 어떤 믿을만한 설명도 읽은 적이 없다. … 그럼에도 불구하고 하나님에 대한 매우 큰 사랑 때문에 연옥에서 해방되기를 원치 않는 사람이 있다는 것은 가능한 일이다. 바울과 모세가 하나님께 저주 받고 영원히 분리되기를 구했던 것도 이런 맥락으로 이해할 수 있다(참조, 롬 9:3, 출 32:32). … 요한 타울러의 설교들 속에도 이런 일을 행한 한 여인의 이야기가 나온다."

* 라틴어판 95개 논제 제29조에 언급된 두 인물, Severino와 Paschlis는 모두 철자가 잘못되어 있어서 위의 한글 번역 본문에서 바로잡았다. 4세기 후반 쾰른의 대주교였던 세베리누스와 로마의 부제(Diakon) 파샤시우스는 하늘의 더 큰 영광을 얻기 위해 연옥에 더 오래 머무는 것을 선호한 것으로 알려져 있다. 루터가 95개조 논제에서 사용한 자료는 자신이 공부했던 에르푸르트 대학의 신학교수 요한 폰 팔츠(Johann von Paltz, 1445-1511)의 *Supplementum Coelifodinae* (Erfurt, 1504), E 6v인데, 여기 나온 두 인물의 철자가 모두 잘못 기입되어 있었고, 루터는 이를 수정하지 않고 그대로 인용했다. 요한 폰 팔츠가 사용한 파샤시우스에 대한 원전은 교황 그레고리 1세(c. 540-604)의 *Dialogues*, bk. 4, ch. 40이고, 세베리누스에 대한 원전은 페터 다미안

(Peter Damian, c. 1007–1072/73)의 *De variis miraculosis narrationibus*, ch. 5 (MPL 145:578)이다.

30. 자기가 행한 회개의 진실성을 확신할 수 있는 사람은 아무도 없다. 하물며 완전한 사면을 받았다고 어떻게 확증할 수 있겠는가!

여기서부터 세 번째 논증이 시작된다. 주제는 면죄부 판매자들의 설교내용에 대한 비판이다. 이것은 이미 제27조에 그 허구성이 예시되었는데, 루터는 면죄부 설교자들의 『지침서』에 담긴 용어와 내용을 공격한다. 특별히 로마의 베드로 성당 건축을 위한 전대사(全大赦, *indulgentia plenaria*)의 허구성을 하나님의 언약 개념과 연결하여 비판을 시작한다.

『논제해설』 제30조, "이 논제는 의심의 여지가 없다. 모든 사람들은 앞 구절을 받아들인다. 그렇다면 이어지는 둘째 구절은 필연적 귀결이다. … 내가 이것을 이토록 강조하여 주장하는 이유는 나를 반대하는 자들이 불합리한 논리로 면죄부 판매를 확대하는 불합리성을 알리는 데 있다."

31. 진실한 마음으로 참회하는 자가 드물 듯, 순전한 마음으로 면죄부를 사는 사람도 드물다. 분명히 드물다.

『논제해설』 제31조 "면죄부 설교자들은 면죄부가 그토록

많은 유익이 있지만 (이렇게 면죄부를 구입하며) 좁은 길을 걷는 자는 극히 드물다고 고백하며 외친다. 그런데 그들은 자기들이 그런 말을 하면서도 전혀 부끄러워하지도 않고 주의를 기울이지도 않는다. 그러나 이것은 놀라운 일이 아니다. 그들은 참된 참회와 좁은 길을 가르치는 직분을 맡지 않았다(마 7:14). 그러므로 나는 단지 몇 명이 참으로 회개하기만 해도 잘못된 교회법의 형벌에서 모두 해방될 수 있을 것이라는 견해를 내놓는 바이다."

32. 누구든지 면죄부를 받고 구원받았다고 확신하는 사람은 그렇게 가르치는 저들의 선생과 함께 영원히 저주 받을지어다!

이것은 면죄부를 공격하는 가장 중요한 논증 중 하나에 속한다. 여기서 루터는 교회로부터 부과된 형벌을 경감시키는 사면증(大赦, indulgentia)의 순기능에는 별 관심이 없다. 그가 문제 삼는 것은 그것이 하나님 앞에서 죄를 해방하고 구원하는 보증서로 설교하면서 그렇게 믿게 했던 당시 독일 교회 지도자와 설교자들에 대한 비판이다.

『논제해설』 제32조, "문자로 만들어진 사면증은 구원을 주는 것이 아니라 형벌들, 즉 교회법에 관한 형벌을 제거할 뿐이다. 게다가 그것을 모두 제거하는 것도 아니다. 오, 땅과 거기 가득한 모든 것들아! 면죄부가 구원과 성령의 열매에 유용하다는 것 외에는 사면증에 대한 어떤 다른

지식도 없는 그리스도인들이 유혹당하는 것을 보고, 나와
함께 부르짖고 애통할지어다."

**33. 교황의 사면증을 가리켜 하나님과 인간을 화해케 하는 하나님의 측
량할 수 없는 선물이라고 말하는 자들을 특별히 경계해야 한다.**

『논제해설』 제33조 "교황의 사면증이 하나님과 인간을 화
해시키는 은혜의 수단이라고 말하는 것보다 더 불경하고
이단적인 것은 없다. … 이제 저 목자가 중얼거리는 말에
귀를 기울여보자. 그는 그의 책자에서 면죄부들을 네 가지
주된 은총과 그 외에 많은 부수적인 은총들로 분류한 후
이렇게 말한다. '첫째의 주된 은총은 모든 죄의 충분한(완
전한) 사면이다. 이것보다 더 크다고 지칭될 수 있는 은혜
는 없다. 이 은혜가 신의 은총을 결핍한 상태의 모든 죄인
을 완전히 사면하며 하나님의 은혜를 새롭게 얻게 한다,"
여기서 언급되는 책자는 면죄부 설교자들을 위해 제작된
『지침서』이다.

**34. 왜냐하면 이것이 전해주는 은혜는 단지 인간이 정한 형벌, 즉 성례
전적인 '보속'을 요구하는 형벌에만 적용되기 때문이다.**

『논제해설』 제34조 "이것은 논제 제5조와 제20조로부터
충분히 입증된다." 루터는 면죄부 설교자들이 교황의 사
면증에 담긴 효력을 자의적으로 과대포장 했다고 판단했다.

35. 참으로 비기독교적 가르침이라고 할 수 있는 것은, 돈을 주고 연옥의 영혼을 구해 낼 수 있다고 가르치는 것과 특별증서(confessionalia)를 구입하면 더 이상 참회할 필요가 없다고 설교하는 것이다.

『논제해설』 제35조 "면죄부를 팔아먹는 설교자들에게 중요한 것은 오직 돈을 내는 사람들뿐이다. 잃어버린 자의 영혼에는 관심조차 없다. … 만일 그들이 영혼을 인도하는 선한 목자요 참된 그리스도인이라면 죄인들에게 하나님을 경외하고 두려워하도록 모든 노력을 기울여 가르칠 것이다. 또한 형제의 영혼을 구하기 전까지 애통하고 기도하며 권면하며 책망하기를 그치지 않았을 게 분명하다. 또, 어떤 사람이 계속 돈을 내면서 악행을 고집하고 있다면, 그 돈을 그의 면전에 집어던지면서 사도처럼 '나의 구하는 것은 너희 재물이 아니요, 오직 너희니라(고후 12:14)'라고 말한 다음, '네 은전과 함께 네가 망할지니라!(행 8:20)'라고 말해야 마땅하다."

36. 참으로 회개하는 그리스도인이라면, 교황의 사면증이 없어도 죄와 형벌로부터 완전한 사면을 누린다.

『논제해설』 제36조 "그렇지 않다면 이런 종류의 증서를 소유하지 못한 사람들은 위험에 처할 것이다. 그러나 이것이야말로 잘못된 상상이다."

37. 참된 그리스도인이라면 사나 죽으나 가릴 것 없이 그리스도와 교회가 소유한 모든 유익을 함께 누린다.* 하나님께선 이 모든 것을 사면증과 상관없이 주셨다.

『논제해설』 제37조 "그리스도를 소유하지 않은 사람은 그리스도인이 될 수 없다. 만일 어떤 사람이 그리스도를 소유하면, 그는 그리스도와 그의 모든 유익을 동시에 소유하는 것이다." 여기서 루터는 롬 13:14, 롬 8:32, 고전 3:21-22, 고전 12:27, 고전 10:17, 아 2:16, 창 2:24, 엡 5:31-32를 전거로 제시한 후 하나님이 주시는 사면의 은총과 그리스도로 인한 유익이 교황이 주는 유익보다 비할 바 없이 크고 우선적이라는 것을 강조한다.

* "그리스도와 교회의 선한 공로(유익)를 함께 누린다"(*participatio omnium bonorum Christi et Ecclesia*)는 사상은 토마스 아퀴나스에게로 거슬러 올라간다. Thomas Aquinas, *Summa Theologica II/II*, d. 63, a.2, ad 1.

38. 그러나 교황의 공적인 사면 선언과 징계에 대한 관여를 결코 무시하면 안 된다. 왜냐하면 이미 말한 대로,* 그것은 대리자로서 하나님의 사면을 선언하는 행위이기 때문이다.

제6조를 강조하며 반복하는 논제이다.

* 논제 제6조: "교황의 사면권은 제한적이어서 오직 하나님께서 죄를 용서했다는 것을 선언하거나 인정하는 것 외

에는 어떤 것도 허용되지 않는다. 또한 이것을 무시하는
사람의 죄도 그대로 남는다."

**39. 사면증의 유익과 참된 회개의 필요성을 동시에 한 자리에서 가르치
는 것은 학식 있는 신학자에게 불가능한 일이다.**

이 논제에 대한 이유는 다음 논제에서 발견된다.

**40. 참으로 회개하는 죄인은 죄에 따른 형벌을 달게 받는다. 반면에 수
많은 사면증들은 형벌에 대해 둔감하게 만들고, 형벌을 멀리하게 만들
며, 적어도 이런 일에 대한 빌미를 제공한다.**

참되게 회개하는 사람은 자신의 죄에 대한 형벌을 면제받
기보다 달게 받는 편을 택한다. 반면에 교황의 사면증은
그런 회개하는 양심을 무디게 하여 형벌을 피하고, 싫어하
게 만든다. 즉 사면증 판매와 회개의 촉구는 공존할 수 없
다. 루터는 『논제해설』 제40조에서 복음서의 탕자가 아버
지를 향해 회개하는 대목과 다윗이 회개하는 장면(삼하
24:17)을 등장시켜 참된 회개가 죄에 대한 형벌을 피하지
않는다는 것을 보여준다. 또한 이 대목에서 특별한 것은
성지순례 여행을 면죄부와 연결하여 비판한다는 점이다.
그에게 로마와 예루살렘으로 향하는 성지순례들은 마치
특별한 사면증을 골라 구매하는 것과 같아서 복음의 정신
에 위배되는 것이며, 참된 성지순례는 자신의 일상에 주어

진 삶의 자리에 있음을 강조한다.

41. 사도적 사면권을* 설교할 때, 그것이 그리스도의 사랑으로 행하는 선행보다 나은 것처럼 오해하지 않도록 신중히 가르쳐야 한다.

논제 제41-55조는 선행과 복음에 대한 가르침을 다룬다. 그 때문에 "그리스도인들에게 가르쳐야 한다."는 표현이 계속 등장한다. 논제 제41조는 제55조까지 아우르는 내용을 요약한 것이다. 『논제해설』 제41조는 돈으로 실천할 수 있는 선행을 세 가지로 제시한다. "보라, 형제들이여, 당신들은 돈으로 행할 수 있는 세 가지 유형의 선행이 존재한다는 것을 알아야 한다. 첫째는 가장 우선되는 것이다. 이것은 가난한 자를 위해 자선하거나 곤궁한 자에게 돈을 꾸어주는 일이며, 곤경에 처한 사람을 어떤 방식으로든 도와주는 일이다. 이 행위는 진지하게 행해져야 마땅하다. 그러므로 교회의 성물 구입을 위한 헌금과 교회 장식을 위한 헌금을 걷는 것도 중지되어야 한다. 이런 일이 행해진 다음에야 비로소, 두 번째 유형의 선행으로 넘어가야 한다. 교회와 병원을 세우고, 공공봉사를 위한 건물을 세우기 위해 헌금하는 일이 뒤따라야한다. 이런 모든 선행을 행한 후에, 마지막으로 당신이 원한다면, 사면증을 사는데 돈을 쓸 수도 있다. 분명한 것은, 선행의 첫 번째 유형은 그리스도의 명령이고, 마지막 세 번째 유형에 대한 신적

계명은 존재하지 않는다는 점이다. … 나는 누구든지 이와
다르게 가르치고, 이 순서를 뒤바꾸는 자는 교사가 아니라
백성을 미혹케 하는 자라고 솔직하게 말하는 바이다."

* "사도적 사면권"이란 사도계승권에 의해 그 권위가 보
장된 사면권(열쇠의 권세)이라는 뜻이다. 여기선 교황의 사
면증, 즉 대사(*indulgentia*)를 뜻한다.

**42. 그리스도인들에게 이것을 분명히 가르쳐야 한다.* 선한 사랑의 실
천을 사면증 구입과 비교하는 일은 얼토당토않은 일이며, 이것은 교황
의 의도와 상관없다.**

『논제해설』 제42조 "사람은 사면증을 사지 말고, 교회는
팔지도 말아야 한다. 사면의 보물은 서로 간에 거저 주는
선물이어야 한다. 그렇지 않다면 그것은 성직매매와 다를
바 없는 악한 거래에 해당할 뿐이다."

* 논제 제42-51조까지 반복되는 이 정형구는 면죄부 판매
설교자인 테첼의 설교 주제를 반박하는 데 사용된다.

**43. 그리스도인들에게 이것을 분명히 가르쳐야 한다. 가난한 사람을 도
와주고 궁핍한 사람에게 꾸어주는 것은* 사면증을 구입하는 것과 비할
바 없이 선한 일이다.**

* 마태복음 5:42.

44. 왜냐하면 선행을 통해 사랑은 성장하고, 그 일을 통해 인간은 더욱 선한 사람이 되어가기 때문이다. 그러나 사면증으로는 선하게 될 수 없고, 오직 형벌에서 벗어날 뿐이다.

> 문법적으로 논제 제43조와 제44조는 한 문장이다. 『논제해설』 제44조 "이것은 자명한 일이다. 교황의 사면증은 오직 형벌의 사면만 허락되어 있고, 모든 사람이 인정하듯 형벌을 면하게 하는 것 이상의 어떤 것도 할 수 없다. 또한 분명한 것은 형벌이 제거된다고 그 사람이 더 선해지는 것이 아니고, 사랑의 실천이 증가하는 것도 아니라는 점이다."

45. 그리스도인들에게 이것을 분명히 가르쳐야 한다. 궁핍한 자를 지나치면서 사면증을 구입하는 사람은, 교황의 사면이 아니라 하나님의 진노를 사들이는 것이다.

> 『논제해설』 제45조에서 루터는 요한일서 3:17절을 인용하면서 면죄부 설교자들을 "궤변론자"라고 비판한다.

46. 그리스도인들에게 이것을 분명히 가르쳐야 한다. 재산이 풍족한 사람이 아니라면, 가족을 위해 필요한 것을 저축할 의무가 있고, 사면증 구입에 낭비하면 안 된다.

> 1518년 『논제해설』은 제46조와 제47조의 순서가 바뀐 채 기록되었다. 논제 제46조에 해당하는 『논제해설』에선 디

모데전서 5:18을 인용하여 아래와 같이 설명한다. "'누구든지 자기 친족 특히 자기 가족을 돌보지 아니하는 자는 믿음을 배반한 자요 불신자보다 더 악한 자'라고 사도는 말한다. 그런데 빵도 없고 적절한 의복도 없으면서 면죄부 설교자들의 요란한 잡소리에 현혹되어 자기 소유를 빼내어 갖다 바치는 것은 면죄부 설교자들의 부만 더해주는 꼴이다. 그런데 이런 사람들이 매우 많다."

47. 그리스도인들에게 이것을 분명히 가르쳐야 한다. 사면증 구입 여부는 선택사항이지 강제할 일이 아니다.

논제 제20조와 그에 해당하는 각주를 참조할 것.

48. 그리스도인들에게 이것을 분명히 가르쳐야 한다. 교황이 사면증을 발행하면서 진실로 원하는 것은 사람들이 가져오는 돈이 아니라 더욱 경건한 기도가 필요하다는 것이다.

교황 레오 10세가 발행한 사면증이 로마의 베드로 성당 건축과 관련되어 있다는 것은 면죄부 판매 설교자들을 위해 만들어진 『지침서』에 나오는 내용이다. 『논제해설』 제48조 "이것은 대성당 천개를 세우는 것보다 훨씬 정당한 이유가 된다. … 클레르보의 베르나르(Bernard von Claivaux, 1090-1153)는 이 문제에 관하여 그의 저서 『숙고』(Consideration)에서 교황 에우게니우스 3세(Eugenius, 1153)에게 아주 매혹적인 방식으로 기술했다." 클레르보의 베르나르는 12세기 십자군 전쟁 중 활동한 위대한 설교자였다. 1148년경 교황의 요청에 따라 그를 지도하기 위해 기록된 책이 앞서 언급된 저술이다.

49. 그리스도인들에게 이것을 분명히 가르쳐야 한다. 교황의 사면증은 사람들이 그것에 신뢰를 두지 않을 때만 유용하다. 사면증에 매달려 하나님을 향한 두려움이 없어질 정도라면 그것은 매우 해로운 것이다.

제49-55조가 특별한 것은 교황의 무오류설에 대한 의심이 암시된다는 점이다. 절대적인 교황의 권위는 복음과 하나님의 권위에 비해 상대화된다. 하나님에 대한 두려움보다 교황의 권위가 높아지는 것(제49조), 가난한 자들을 갈취하여 베드로 성당을 건축하는 부당한 행위(제50조), 더 나아가 부당한 행위에 대한 보상책임(제51조)을 언급하는 것은 이에 대한 반증이다.

『논제해설』제49조 "내가 '사면증이 유용하다'라고 말할 때는 모든 사람에게 적용한 것이 아니다. 노인이나 코 골며 잠드는 노동자들을 염두에 둔 말이다. 이들은 억지로 형벌을 감당할 수 있는 형편이 아니다. 그러니 마지못해 감당하게 하느니 차라리 사면해주는 편이 낫다. 반면에, 사면증 구입이 위험하다는 것은 그것을 손에 쥐고 안전하다고 기뻐하면서 그 증서를 전폭적으로 신뢰하기 때문이다. 이는 더 큰 악의 가능성이다. 그 때문에 사면증을 가진 사람이라 할지라도 하나님을 더 두려워하고 자신의 처지를 더 애통해 해야 한다. … 교황의 사면증을 구입하고 하나님을 향한 두려움 없이 기뻐할 경우, 그것은 가장 해로운 것이 된다."

50. 그리스도인들에게 이것을 분명히 가르쳐야 한다. 만일 교황이 면죄부 설교자들의 갈취(喝取) 행위들을 안다면, 그는 자기 양의 가죽과 살과 뼈로 베드로 성당을 올려 세우기보다 차라리 불태워 잿더미가 되는 것을 바랄 것이다.

『논제해설』 제50조, "교황의 돌봄 아래 위탁된 자들(사제)이 교회당 건축을 위해 양들의 가죽까지 완전히 벗기는 것이 교황의 소원이겠는가? 아니면 그리스도가 요구하는 바대로 해로운 교리로 절도하고 강도짓 하는 무리들이 죽고 멸망당하는 것(요 10:1)이 교황의 소원이겠는가? 교황이라면 '선한 목자는 그의 양의 털을 깎으나 가죽은 벗기지 않는다'고 말한 (티베리우스) 황제처럼 여겨지는 것이 더 나을 것이다. 면죄부 판매자들은 사람들의 가죽을 벗길 뿐아니라 그들의 몸과 영혼도 삼킨다. '저들의 목구멍은 열린 무덤 같고, 저들의 혀로는 아첨하나이다'(시 5:9)."

51. 그리스도인들에게 이것을 분명히 가르쳐야 한다. 만일 교황이 면죄

부 설교자들이 갈취한 돈에 대해서 안다면, 당연히 베드로 성전을 팔든지 아니면 교황이 자신의 재산을 청산해서라도 면죄부를 구입한 사람들의 돈을 반환해 줄 것이다.

> 『논제해설』 제51조, "성 암브로시우스는 거룩한 기물들을 녹여 포로된 자들을 구원했으며, 놀라(Nola)의 성 파울리누스는 그의 하인을 위해 자신을 포로로 넘겨주었다. 교회가 보화를 가지고 있다는 것은 바로 암브로시우스가 취한 교서들이 입증하는 바처럼 이런 일을 위한 것이다."

52. 교황이 발행한 사면증에 의지해서 구원을 받으려는 것은 한낱 부질없는 짓이다. 판매 위탁자나, 아니, 교황이 그 증서에 대해 자기 영혼을 걸고 보증한다 하더라도 마찬가지다.

> 『논제해설』 제52조, "하나님의 순전한 자비 즉 그리스도 외의 다른 어떤 것으로 안전과 신뢰를 보장하는 모든 설교는 영원히 저주받을지어다. … 어떤 죽은 사람이 지옥에 도착해서 면죄증서를 내보이며 자유를 허락해 달라고 간청했다. 마귀가 그를 만나러 와서 뜨거운 불 앞에서 증서를 읽고 있는 동안 지옥의 불기운은 그의 손에 들려 있던 밀랍과 양피지를 삼켜 버렸고, 결국 마귀는 그 사람을 지옥의 심연으로 끌고 가 버렸다."

53. 하나님의 말씀 대신 면죄부 선전을 하도록 교회마다 명령하는 사람

들이야말로 그리스도와 교황의 원수다.

『논제해설』 제53조, "그리스도에게서 명령 받은 바대로, 하나님의 말씀이 다른 모든 것보다 항상 우선되고, 어디서나 그 말씀이 설교되도록 하는 것이 교황의 의무요 의도이다. 그렇다면 우리가 어찌 교황이 그리스도를 반대한다고 믿을 수 있겠는가? 그렇지만 면죄부 설교자들은 그것뿐만 아니라 감히 그보다 더한 것도 믿으라고 한다."

54. 사면증에 대한 말을 하나님 말씀의 분량과 같거나 더 할애하는 것은 설교시간을 부당하게 사용하는 것이다.

『논제해설』 제54조, "이것은 하나님의 말씀이 가지고 있는 위엄과 말씀을 선포해야 할 필연성으로 볼 때 충분히 명백한 것이다. 면죄부 설교는 필요치도 않고, 가치 있는 일도 아니다."

55. 교황의 견해는 틀림없이 아래와 같을 것이다. 교황이 발행한 사면증(indulgentia)은 매우 작은 일이어서 행진하는 데 종 하나만 필요하고 한 번의 예배로 충분한 반면, 복음은 백 개의 종을 울리며 백 번 행진하고 백 번 예배해야 할 만큼 매우 중요하다.

『논제해설』 제55조 전문, "교회 안의 어떤 것도 거룩한 복음보다 더 큰 것은 없다. 그리스도께서 제자들에게 기회가 닿을 때 마다 가르치고 명하신 유일한 것이 복음이다. 그렇기에 교회는 복음보다 더 귀하고 유익한 것을 가지고 있지 않다. 바울도 자신을 보낸 것은 '세례를 주기 위함이 아니라 복음을 설교하기 위한 것'이라고 설명한다(고전 1:17). 그리스도는 성만찬을 통해 오직 그분을 기념하고 축하하는 것임을 밝히라고 가르치셨고, 바울은 고린도전서 11:26에서 "너희가 이 떡을 먹으며 이 잔을 마실 때마다 주의 죽으심을 그가 오실 때 까지 전하는 것이니라"라고 말하고 있다. 그러므로 하나님께서는 미사보다 복음에 더 큰 중요성을 두셨다. 왜냐하면, 복음 없이는 인간이 성령 안에서 살지 못하지만, 반면에 미사가 없어도 복음은 가능하기 때문이다. "사람은 하나님의 입에서 나오는 모든 말씀으로 살 것이라"(마 4:4). 이는 주께서 친히 요한복음 6장에서 더욱 깊고 상세하게 가르치시고 있는 바와 같다. 미사는 이미 그리스도의 지체가 된 자들을 새롭게 하는 것인 반면 성령의 검, 즉 '복음'은 육을 삼키고 마귀의 나라를 분열시키며 강한 자의 소유들을 가져가고 교회의 몸을 확장하고 성장시키는 것이다. 미사는 오직 생명을 소유한 자들만 돕는다. 그러나 복음은 모든 사람을 돕는다. 그 때문에 초대교회 예배에선 귀신 들린 자를 비롯하여 아직 입교하지 않은 예비신자들도 복음이 읽혀질 때 까지 남는 것이 허락되었고, 그런 후에 진행되는 그리스도의 몸을 먹고 마시는 미사에선 오직 허락받은 (세례)자들만 남고, 그

외의 사람들은 모두 나가야했다. 복음은 미사를 앞선다. 복음은 낮추고 겸비케 하는 반면, 미사는 겸비해진 자들에게 은혜를 전달한다. 그러므로 교회에서 (둘 중 하나를 택하라면) 복음을 침묵시키는 것 보다 미사를 금하는 게 차라리 더 낫다. 면죄부만 달라고 요구하는 사람들이 교회에 득세한다. 게다가 성직 매매자들과 은총에서 이미 탈락한 면죄부 판매자들이 (복음이면 충분하고) 사면증이 필요치 않은 사람들에게조차 사면증을 수여한다면 이것이야말로 마귀들이 구경하기에 얼마나 아름다운 광경이 될 것인가? 당신 생각은 어떤가?"

참고, 가톨릭의 미사개념은 제2차 바티칸 공의회(1962-65) 전후로 분명한 차이가 있다. 보는 사람에 따라 예배를 분류하는 방식은 다르겠지만, "크게 볼 때는 '말씀의 전례'와 '성찬의 전례' 두 부분으로 나누는 것이 일반적으로 공통된 견해이다. 이것은 지난 (제2차) 바티칸 공의회 이후 자주 사용되는 분류법이고 그 이전에는 제물봉헌, 축성, 영성체의 세 부분으로 나누는 것이 보통이었다. 이러한 분류는 미사의 제사성을 지나치게 강조한 나머지 말씀의 전례부분을 예비 미사라 하여 제거해 버리고 성찬의 전례만을 두고 생각한 결과였다"(백 쁠라치도, 『미사는 빠스카 잔치이다』 [왜관: 분도출판사, 1976, 1999, 개정판], 81).

56. 교황이 발행하는 사면증은 '교회의 보화'라는* 교설을 근거로 한다. 그러나 이에 대해서 교회 안에서 충분히 논의된 적도, 알려진 적도 없다.

논제 제56-59조는 '교회의 보화' 교리에 관한 왜곡된 가르침을 바로 잡는 단락에 해당한다.

『논제해설』 제56조 전문, "이것은 내가 죽임 당하기에 합당한 두 번째 이유가 될 수 있다. 이제부터 나는 오랫동안 논의되지 않았던 문제들을 꺼내어 논의해야겠다. 이 논의를 위해 최근에 학계에서 논쟁 중인 내용들을 다루게 될 것이다. 이를 통해 나는 이제껏 우리가 친숙하게 다루지 못했던 주제들을 토론하고 진리를 찾고자 한다. 여기서 얻은 진리가 독자와 청중 그리고 이단의 부패한 사상을 재판하는 종교재판관이 나의 증인이 될 수 있을 것이다."

* 로마 가톨릭에서 '여분의 공로'(*supererogatio merit*)는 일반 신자가 쌓을 수 있는 공로 이상의 것을 뜻하기에 이는 오직 성인에게만 해당된다. 성인들은 천국에 가기 위한 의무의 요구를 초월하고 넘어섰기 때문에 그들이 선하게 행한 여분의 공로는 교회에 축적되는데, 이런 이유로 교회를 '보화의 창고'라고도 칭했고, 이 여분의 공로를 일반 신자에게 나누어주는 최종 권한은 교황에게 있다고 가르친다.

57. 실제로 그것을 교회의 보화라고 말할 수조차 없다. 왜냐하면 수많은 설교자들이 거저 내어주기보다 그저 거둬 들이기만하기 때문이다.

『논제해설』제57조 전문, "우리의 경험은 이를 지극히 명
백하게 입증한다."

**58. 그 보화는 그리스도와 성인들의 공로로 이뤄진 것이 아니다. 진실
로 교회의 보화란 교황의 도움 없이도 속사람에겐 은혜를, 겉사람에겐
십자가와 죽음과 지옥을 가져다주는 것이기 때문이다.**

　　『논제해설』제58조는 교황의 사면증을 판매하는 행위가
'교회의 보화'와 상관없음을 논증하는 가장 중요하고 긴
논의를 담고 있다. 여기서 루터는 성인들의 공로인 여분의
공로는 "성인들이 현세의 삶에서 구원에 요구되는 이상의
선행들로써 교회의 보고(寶庫)에 저장된 것"이며, 교회를
통해 신자들에게 분여되는 것이라는 교리를 소개한다. 그
런 후 사면증이 교회의 보화가 될 수 없는 첫 번째 이유로,
교회의 보화는 조건 없이 나눠줘야 하는 원칙에 위배된다
는 것을 마태복음 16:19을 근거로 제시한다. 두 번째로 문
제를 삼는 것은 여분의 공로의 주체가 되는 성인들의 공
로에 관한 것이다. "둘째로 하나님으로부터 보상 받지 못
한 여분의 공로란 존재하지 않는다. 왜냐하면, 하나님은
누구든지 받을 만한 것 이상으로 주시기 때문이다. 성 바
울의 말씀대로 '현재의 고난은 장차 우리에게 나타날 영
광과 족히 비교할 수 없도다'(롬 8:18). 셋째로, 세상의 그 어
떤 성인도 이 세상 삶에서 하나님의 계명을 온전히 성취한

자는 없다. 즉, 성인이 여분의 공로를 가졌다는 것은 명백
히 불가능하다. 그러므로 사면증에 할당될 여분의 공로는
아무것도 남아 있지 않다. 나는 이 추론이 충분히 명확하다
고 믿는다. 나는 이 주된 전제를 입증함으로써 나의 논제들
이 의심의 여지가 없다는 것과 동시에 이에 반대되는 견해
가 이단적인 것이라는 것을 밝힐 것이다." 이어지는 해당
『논제해설』에서 루터는, 교부들의 설명을 인용하면서 성
인들은 스스로 자신의 공로가 부족하다고 여겼기에 '여분
의 공로' 사상을 배격한다. 루터는 유일하고 참된 교회의
보화는 오직 그리스도뿐임을 여기서 고백한다. 왜냐하면
그분이 세상을 위한 온전한 속량이며 구속주이기 때문이
다. 여분의 공로 사상은 성경적으로도, 이성적으로도 납득
되지 않는다는 점을 밝히고, 이와 관련하여 선행의 공로를
강조한 학자들을 소환한다. 토마스 아퀴나스와 보나벤투
라 같은 스콜라 학자들이 언급된 다음, 그들의 신학이 '십
자가 신학'을 폐기했다고 비판한다. 이로써 루터는 영광의
신학과 십자가 신학의 대결을 극대화한 "하이델베르크 논
제"(1518)의 서막을 준비했다고 할 수 있다.

**59. 성 라우렌티우스는 '가난한 사람들이야말로 교회의 진정한 보화'라
고 말했다. 여기서 그는 그때 그 자리의 의미를 살려 그렇게 말한 것이다.**

『논제해설』 제59조 "오늘날 '보화'라는 말은 다른 의미를

가지고 있어서 더 이상 (라우렌티우스의 용법을 따라) 가난한 자
들을 교회의 보화라고 말하지 않는다. 지금 우리는 그리스
도라는 보화, 그리고 교회의 재산을 두고 보화라고 말한
다. 후자는 분명히 콘스탄티누스가 교회에 준 알곡 없는
가라지 같은 것이다."

60. 그리스도의 공로를 통해 교회가 얻게 된 열쇠의 권능은 이런 종류의 보화라고 할 수 있다.

『논제해설』 제60조 "만일 열쇠의 권세를 그리스도의 공
로로 이해한다면, 교황이 사면을 선언하는 대사 보화도 그
의미가 명백해 질 것이다. 왜냐하면 교회에 주어진 모든
것이 그리스도의 공로로 인해 주어졌다는 것을 그 누구도
의심하지 않기 때문이다."

61. 왜냐하면, 죄벌에 대한 사면과 소송의 해결은 교황의 권세로 충분하기 때문이다.

『논제해설』 제61조에서 루터는 열쇠의 권세가 마태복음
16:19에 근거한 것이며, 대사의 보화도 이 말씀의 권세에
있다고 설명한다. 여기서 그가 강조하는 것은 말씀의 권위
에 관한 것이지, 보화의 적용에 대한 것이 아님을 강조한
다. "이 말씀(마 16:19)이 교황들에게 허락되지 않았다면, 교
황의 사면증은 아무런 효력도 갖지 못했을 것이다. 대사의

보화를 다룸에 있어서도 그리스도가 명하신 말씀의 권세
가 중요하다. 이것은 오직 말씀의 권세에 관한 것이지 공
로의 적용에 관한 설명은 아니다."

**62. 교회의 참된 보화는 하나님의 영광과 은총을 다루는 가장 거룩한
'복음'이다.**

『논제해설』 제62조 "그리스도께서는 복음 외에는 아무것
도 세상에 남기시지 않았다. 또한 그의 종들로 칭해지는
자들에게 므나, 달란트, 데나리온, 재물 같은 세상의 보배
들을 남겨주시지 않은 이유는 오직 복음만이 참된 보화임
을 입증하시려는 것이다. … 이 보화는 감추어져 있기 때
문에 멸시된다. … 죄로 가득 찬 양심은 이와 같은 가장 은
혜로운 말씀을 그의 대리자로부터 들을 때, 두려움과 죽음
에서 생명에 이르며 확신에 가득 차 기뻐 외치고 더 이상
죽음과 연결된 여러 형태의 형벌과 지옥을 두려워하지 않
게 된다. 그러므로 지금도 (연옥의) 형벌을 두려워하는 자들
은 아직 그리스도의 말씀과 복음의 음성을 듣지 못하고
오직 모세의 음성만을 듣고 있는 자들이다. 하나님의 참된
영광은 이 복음에서 솟아나온다."

**63. 그러나 이 보화는 가장 멸시 받는다. 복음은 먼저 된 자를 나중으로
만들기 때문이다.**

『논제해설』 제63조 전문, "복음은 현존하는 것들을 멸하
고 강한 자들을 당황케 하며 지혜 있는 자들을 혼란시켜
아무것도 아닌 것, 약하고 어리석은 것으로 격하시킨다.
왜냐하면 복음은 자신을 비워낸 겸비와 십자가를 가르치
기 때문이다. 예를 들어 시편 9:5은 '주께서 이방나라들을
책망하시고 악인을 멸하시며 그들의 이름을 영원히 지우
셨도다!'라고 말한다. 그 기쁨이 지상의 것들과 그들 자신
의 행위에 있는 모든 자들에겐 분명히 '이 말씀은 어렵도
다!'(요 6:60)라고 불평할 만하다. 그들에게 이 십자가의 규
율을 앞세워 위축되게 하라. 가시적인 성공을 이루기를 바
라는 자들, 권력과 지혜를 추구하는 자들, 자신을 '첫째'로
여기는 자들에게 그리스도의 말씀은 가장 가증스러운 것
이라는 점은 그리 놀라운 일이 아니다."

**64. 반면에 사면의 보화는 지극히 환영받는다. 그것은 나중 된 자를 먼
저 된 자로 만들기 때문이다.**

『논제해설』 제64조 전문 "교황의 사면을 전하는 대사의
보화는 사람들을 형벌 앞에서 떨도록 가르치지만, 참된 의
인들에게만 주어져야 할 형벌을 피하게 만든다. 왜냐하면
형벌을 멸시하며 교만한 자들은 아이가 어스름한 어둠을
피해 도망가듯 사면증을 들고 형벌을 자연스럽게 피한다.
그러나 형벌을 경멸하지 않고 무겁게 여기는 의인들은 여

러 형벌을 고스란히 받는다. 그런 사람들에겐 교황의 사면
증이 필요 없다."

65. 그러므로 복음의 보화는 그물과 같아서, 예로부터 그 그물로 사람들을 풍성히 건져 올렸다.

『논제해설』 제65조 전문, "바울 사도는 '나의 구하는 것은
너의 재물이 아니요. 오직 너희니라'(고후 12:14)라고 말하였
다. 또한 그리스도께서는 '내가 너희로 사람을 낚는 어부
가 되게 하겠다'(마 4:19)고 말씀하셨다. 이 은혜로운 말씀
은 의지를 끌어당겨 방향을 잡아준다. 진실로 그것은 사람
으로 하여금 그의 뜻을 그리스도에게 복종케 만든다. 이러
므로 어떤 시에서 어부로 묘사된 베드로가 이렇게 말한다.
'내 배인 교회의 키를 잡으니/모든 세계 각처가 나의 바다
요/성경은 내 그물이요/인간은 물고기로다.'"

66. 이에 비해 사면의 보화는 그물과 같아서, 지금 그 그물로 돈을 풍성히 낚아 올린다.

『논제해설』 제66조 전문 "나는 이것이 위에 언급한 바로
부터 명백히 입증된다고 믿는다. 왜냐하면 형벌을 사면 받
는다고 사람이 개선되는 것도 아니고, 그렇게 한다고 하나
님께 더욱 가까이 가는 것도 아니기 때문이다. 오직 그리
스도의 말씀만이 그렇게 할 수 있다. 형벌의 사면은 그물

을 잡아 올리는 사람의 것이 아니라 그것을 하도록 허락
한 이의 말이다. 즉 사면증의 발행보다 죄를 용서하는 그
리스도의 말씀이 더 중요하다. 그러나 사람들이 지금 사면
증을 들고 무언가를 낚아(잡아) 올리고 있다면, 그렇게 잡
아채는 것은 확실히 돈 외에는 아무것도 아니다. 왜냐하면
그 사람들은 영혼을 잡아 쥘 수 없기 때문이다(비교, 눅5:10).
내가 헌금사업을 정죄하려고 이런 말을 하는 게 아니다.
그러나 이렇게 교회당 건축 기금을 모아들이기 위한 충성
된 마음은 교회가 수여하는 은사들과 직분들 중에서도 가
장 작은 것이며, 그렇게 낸 기금으로 인해 이생에 사람들
에게 칭찬받고 보답 받을지 모르나, 장래의 삶에서 받을
면류관을 고려하면 이는 거의 관련이 없다고 할 수 있다.
왜냐하면 돈으로 하나님의 섭리를 보상받을 수 없기 때문
이다. 그 때문에 이전 시대에 교황의 사면은 돈을 받지 않
고 값없이 주어졌다."

**67. 면죄부 설교자들이 '큰 은총'이라고 외쳐대는 사면증이 재물 축적의
수단으로 이용되는 한 실제로 그렇게 이해될 수밖에 없다.**

『논제해설』 제67조 전문 "면죄부 판매상들의 뻔뻔스런 무
식함이 사면증에 담긴 초라한 가치를 값비싼 것으로 둔갑
시켜버렸다. 이제 사면증의 본래 가치와 효력뿐만 아니라
그에 대한 판단은 사람들에게 넘겨졌다. 결과적으로 아무

것도 모르는 사람들은 사면증을 구입하는 즉시 하나님의
은총이 자동적으로 수여된다고 잘못 믿게 되었다. 못된 장
사꾼들은 이런 모순이 탄로나면 거짓말쟁이로 몰락할까
봐 사면증의 가치와 효력에 대해선 한 마디도 설명하지
않는다."

**68. 그러나 하나님의 은총과 십자가의 자비에 견주어본다면, 그것은 참
으로 티끌보다 못한 것이다.**

『논제해설』 제68조 전문, "사실상, 교황의 사면증은 하나
님의 은총에 비하면 공허하고 무의미한 것이다. 왜냐하면
그것은 하나님의 은혜에 정반대되는 일을 수행하기 때문
이다. 그럼에도 불구하고 내가 이미 지적한 대로, 게으름뱅
이들과 나태한 자들을 위해 그것들을 참아야 할 것이다."

**69. 주교와 교구 사제들은 사도계승의 권위를 부여받은 대사(大赦,
indulgentia) 대리인들을* 온갖 경의를 다해 영접할 직무상 의무가 있다.**

논제 제69-80조는 논증을 구성하는 마지막 단락에 속한
다. 여기선 논제를 한 쌍으로 이어 대조하는 대구법 형식
이 도드라진다. 이를 통해 루터는 사면증의 오용과 설교자
들의 무지를 고발하고 이런 일이 억제되어야 할 것을 강
조한다.

『논제해설』 제69-70조에는 권력에 대한 그리스도인의

'복종과 저항'의 원리가 담겨 있다. 이를 통해 교황과 황제의 권력에 저항하는 프로테스탄트 원리를 엿볼 수 있다. 『논제해설』 제69조에서, 루터는 로마서 13:2과 누가복음 10:6을 인용하여 그리스도인에 세상 권세에 복종하는 것을 교회와 그리스도인이 취해야 할 경건하고 겸손한 태도로 설명한다. 그러나 거기서 그치지 않는다. '만일 이러한 복종의 삶이 잘못된 양심을 계발하는 방식으로 이끌어 간다면 이는 성경의 진리에 위배되는 것이다.' 그리스도인의 모든 행동은 "양심에 거리끼는 행위가 되어서는 안 된다." 왜냐하면 그리스인의 행동을 규정하는 모든 의무와 법령은 열쇠의 권능을 언급하고 있는 "'네가 무엇이든지 매면'(마 16:19)이라는 일방적인 권리가 아니라, 마태복음 5:39절에 나오는 '누구든지 네 오른뺨을 치거든 왼편도 돌려대라'는 말씀과 로마서 12:19 '너희가 친히 원수를 갚지 말라.'는 말씀 위에 서 있기 때문이다. 이 말씀이 최고의 충고이다. 이 말씀에 따라 우리는 양심의 자유 안에서 행동해야 한다. 만일, 이러한 양심의 자유가 허락되지 않는다면, 터키인이나 다른 대적들에게 저항하는 경우와 동일하게 교황이 그의 무거운 의무와 부당한 법령을 가할 때도 저항하는 것이 허용되어야 한다."

* 교황의 사면증 발행의 전권을 위임받은 자들과 이를 전담하는 설교가들을 뜻한다. 예를 들어, 면죄부 설교자였던

테첼이 대표적이다.

70. 그러나 그 보다 더 큰 의무는 저들이 위임받은 사항 대신 자기들의 희망사항을 선전하지 않는지 눈과 귀를 열어 감시하는 것이다.

> 『논제해설』 제70조 "교황은 어디서도 자신이 가진 모든 참된 가치를 선전하지 않는다. 그것은 교황 자신의 것이 아니라 (교회로부터) 위임된 것이기 때문이다. 그런데 면죄부 설교자들은 거기서 한 발 더 나아간다. 마치 자신이 교황인 것처럼 뽐낼 뿐만 아니라 교황의 이름과 교회의 직분과 은사를 연결시킨다. 그렇게 하면서 저들이 하늘에서 내려왔다고 믿게 만든 다음, 교황의 사면증을 굉장히 부풀려 확신에 찬 설교로 선포한다. 이것은 그들이 만든 책(지침서)으로 입증되는 내용이다. 따라서 주교들은 이리떼가 그리스도의 양무리에 들어오는 것과 이들의 망상을 막을 책임이 있다."

71. 사도적 진리인 사면권을 반대하며 말하는 자는 파문 받고 저주 받을 지어다!

> 『논제해설』 제71조 "교황이 발행하는 사면증이 하나님의 은혜와 그 은혜를 큰 소리로 설교하는 것에 비하면 작디 작은 것에 불과하지만, 그럼에도 불구하고 교황의 사면권을 부정하며 목소리를 높이는 자는 무례히 교회의 권위를

거스르는 사람이다. 그런 자는 저주 받아 마땅하다. 왜냐하면 교회가 교황에게 복종하는 이유는 그가 가장 작은 일마저도 자신의 감정과 모든 것을 포기하며 교회를 위해 자신을 낮추기 때문이다. 이는 교회로부터 칭찬받을 받을 일이다. … 죄를 용서하는 권리는 복음 다음으로 큰 은사인데, 나의 대적들은 이에 대해 별 관심도 없고 아무것도 알지 못한다."

72. 그러나 면죄부 설교자의 뻔뻔함과 오만한 말을 경계하고 반대하는 자에겐 복 있을지어다!

『논제해설』 제72조 "오늘날 거룩한 교회는 이른바 그리스도와 분리된 과부(비교, 계 21:2-3)의 상태에 놓여있다. 특히 모든 것을 허락한 스콜라 신학자들에게 책임이 크다. 그들에게서 참된 의견이 흘러나오지도 않는데, 이들의 잘못을 지적하고 정죄하는 자도 찾아볼 수 없다. … 이들은 실제로 더 많은 해악을 끼친다. 만일 어떤 기독교인이 터키인들에게 무기를 공급하거나 로마로 순례 여행하는 자들을 습격하거나 교황의 교서를 위조한다면 그것은 당연히 큰 범죄로 여겨 마땅하다. 제 아무리 최고의 권위가 부여된 사면증이 있다하더라도 그 불법 행위에 대해서 사면을 허락할 수 없다. 이제껏 그런 종류의 권위가 허락된 적이 없다. 그러나 스콜라 신학자들은 교황의 보좌를 위해 이런

불법 행위에 대한 심판을 유보시켰다. ⋯ 스콜라주의의 의
견들과 인간적인 추론의 암흑에서 참된 빛으로 인도하기
위해 힘쓰며, 성서의 말씀을 온전히 전하는 이들이야말로
복되다."

　루터가 스콜라 신학자에 대한 반감을 가진 것은 그들이
가르치는 내용에서만 아니라 역사적인 이유가 있다. 『논
제해설』 제72조 하반부에서 루터는 매해 성 목요일 저녁
에 교회에서 낭독되는 교황의 교서, *In coena Domini*를 언
급한다. 일반적으로 1363년 교황 우르바누스(Urban) 5세가
내린 교서로 알려져 있으나, 역사적으로 교황 그레고리우
스 9세(Gregor IX, 1229)의 파문교서로부터 유래했다고 보는
것이 정설이다. 이 파문교서엔 파문에 해당하는 여러 종류
의 죄가 언급되어 있는데, 루터는 이 교서 내용 중 일부에
의심을 가졌다. 특히 '강도행위로 얻은 물품을 육로와 해
로로 운반되는 것을 금지하고 저항했던 자들을 이단'으로
결정한 대목과 '강도행위로 얻은 물품'이 교황의 광산에
집결되어 로마로 운반되는 것을 막았던 자들을 이단으로
파문한 결정은 수용하기 어려웠던 것으로 보인다. 루터에
게 이러한 스콜라 신학자들의 판단과 교회의 결정은 수용
할 수 없는 의심스런 내용이었다. 역설적으로 1521년 교황
레오 10세(Leo X)에게 정식 파문당했을 때, 교황의 신년 교
서인 *In coena Domini*로 파문당했고, 그 제목은 "Die Bulla

vom Abendfressen des allerheiligsten Herrn, des Papstes, dem allerheiligsten römischen Stuhl zum neuen Jahr. Sein Maul ist voll Fluchens, Trügens und Geizes, unter seiner Zunge ist Mühe und Arbeit"였다.

참고, Julius Köstlin, *Luther, sein Leben und seine Schriften. Bd., IV: Das Jahr auf der Wartburg 1521*, Kap. 2: "Schriftstellerische Tätigkeit auf der Wartburg".

73. 사면증 판매를 방해하며 손쓰는 자에게 교황의 파문 결정이 내려지는 것은 옳다.

『논제해설』 제73조 전문, "교황의 개인적인 의도가 무엇이든 간에, 나는 이전에 말했던 것과 같이 사람들이 열쇠의 권위에 겸손과 온유로 복종해야하며, 그 권위에 반대하여 투쟁하지 말아야 한다는 말을 반복해서 강조했다. 열쇠는 그것 자체로, 올바로 쓰이든 잘못 쓰이든 간에, 하나님의 권세이다."

74. 그러나 그보다 더 옳은 일은, 사면증을 구실 삼아 거룩한 사랑과 진리를 가리며 방해하는 자를 교황이 파문하고 출교시키는 일이다.

논제 제73-74조는 한 쌍이다. 제73조에서 열쇠의 권위에 대해 순복할 이유를 설명했다면, 제74조에선 권위의 남용에 대한 경고이다. 루터에 따르면, 열쇠의 능력은 세속 '권위에 대한 믿음'을 강화하는 데 있지 않고, 오히려 '믿음에 대한 권위'를 강화시키는 데 있다. 만일 교황의 사면증이 돈과 권력의 도구로 이용된다면 그것은 파문에 합당하다. 루터의 관점에서 사면증은 열쇠의 권세에 속한 것이지만, 언제나 그리스도의 사랑을 강화시키는 도구가 되어야 한다.

75. 불가능한 말이지만, 교황의 사면증엔 대단한 능력이 있어서 하나님의 어머니를 능욕하더라도 그 죄를 용서할 수 있다고 생각하는 건 정신 나간 짓이다.

추기경 알브레히트에게 보내는 서신(1517)에서도 언급된 이 내용(논제 75조)과 더불어 논제 77, 79조의 인용은 테첼의 발언이라고 루터는 후기 문헌에서 밝히고 있다. 그러나 테첼 자신은 그런 말을 한 적이 없다고 부인한다. 참고, 루터의 "한스 보르스트를 반박하며"(1541)를 보라(*Against Hanswurst*, in: LW 41:231-35).

76. 우리가 주장하는 것은 정반대다. 교황의 사면증은 제아무리 작은 죄라 할지라도 그 죄를 지울 수 없다.

『논제해설』 제76조 "오직 하나님만이 죄를 용서할 수 있다는 것은 명백한 사실이다. 그러므로 교회 당국에 의해 죄가 사면되는 것이 아니라. 이미 사면된 것이 교회 당국에 의해 선언될 뿐이다."

77. '지금 베드로가 교황으로 온다하더라도 면죄부보다 더 큰 은총을 줄 수 없다'고 선전하는데, 그것이야말로 베드로와 교황에 대한 모독이다.

『논제해설』 제77조, 없음.

78. 우리는 그런 말에 경멸한다. 현재 교황과 모든 교황들은 그보다 더 큰 은총, 즉 고린도전서 12장에 선포된 것처럼, 복음과 여러 능력 그리고 치유의 은사를 가지고 있다고 우리는 주장한다.

『논제해설』 제78조 "나는 교황의 교서인 *In Coena Domini*에 담긴 내용들이 문제가 있다고 본다. 만일 교황이 그에게 주어진 권리로 사면이 필요한 모든 그리스도인들에게 그의 사면권을 행사했다면, 그리고 그의 사면권으로 교회가 부과한 징계들을 제거하여 자유를 주고 사람들을 회복시켜 주었다면, 그의 권위로 성직을 매매하는 자들의 범죄와 폭정에 타격을 입혔다면, 그는 분명히 더할 나위 없이 자비로운 교황임이 틀림없을 것이다. 그러나 지금 상황으로 봐선 교황은 이런 일들을 수행할 힘이 없는 것 같다. 교황이 이렇게 힘이 없는 까닭은 '원수가 들이닥쳤고' '이방에서 공주였던 자가 이제는 조공을 바치는 신세가 되었기'(애 1:1) 때문이다. 만일 우리가 그러한 자유를 얻을 자격

이 있다면, 그것은 '여호와의 오른손이 권능을 베푸는
것'(시 118:16)이 틀림없다." 루터는 이런 식의 진술을 통해
교황권에 대한 직접적인 도전을 피한다. 대신, 교황이 자
신에게 주어진 권위를 사용할 수 없는 사악한 상황 가운
데 놓여있다는 식으로 설명한다.

교황의 교서 *In Coena Domini*에 대해서는 앞선 논제 제
72조에 해당하는 설명을 참조하라.

79. 교황의 소매에 새겨진 십자가 장식이 그리스도의 십자가와 똑같은 효력이 있다고 말하는 것은 신성모독이다.

이 진술은 루터에 앞서 Johann von Paltz가 그의 *Supple-
mentum*, A. 3v에서 이미 언급했던 내용이다. 루터는 대학
시절(Uni. Erfurt) 에르푸르트 지역의 전대사(plenary indulgence)
판매 설교를 했던 추기경 라이문드 페라우디(Raimund Peraudi,
1435-1505)로부터 이런 내용의 설교를 들었을 것이다.

『논제해설』제79조 전문, "어떤 사람인들 이런 멍청함
을 알아채지 못할까! 그런데도 이런 일을 무식하게 행하
는 저 인간들이 또 다른 어떤 일인들 못할까보냐. 그리스
도의 피로 구속받은 영혼들을 이런 자들에게 맡긴다는 게
말이 되는가! 그리스도의 십자가는 모든 죄를 멸하고 온
세상에 생명을 준다. 그러나 교황의 팔에 장식된 저 십자
가는 오직 특정한 형벌만 감해 줄 뿐이다. 그렇다면 영원

한 형벌을 사하는 것과 현세적인 형벌을 감해 주는 것을
똑같다고 말할 수 있는가? 이런 상식에도 불구하고 들려
오는 기이한 설교와 주장들, 그리고 이런 것들이 온 천하
에 퍼지는 것을 하늘은 참을 수 없다. 이 괴물 같은 주장들
을 어찌해야한단 말인가!"

**80. 이 같은 교설이 군중들에게 버젓이 설교되는 것을 묵인하는 주교
와 교구 사제, 그리고 신학자들은 이에 대한 마땅한 책임을 져야한다.**

『논제해설』 제80조, "우리의 상황은 통탄할 정도로 참혹
하지만, 그리스도인들은 이단들처럼 도망가지 않는다. 이
단들은 거반 죽은 자를 지나치면서(눅 10:30) 마치 다른
사람의 죄에 자신이 오염될까봐 두려워한다. 게다가 이단
들은 '이런 오염을 제대로 피했고 나는 온전히 깨끗한 상
태'라고 말하는 걸 부끄러운지도 모르고 뻐기며 말한다.
그러나 그리스도인은 그렇지 않다. 이단들의 그런 말과 현
실을 회피하는 태도들은 어리석은 두려움에서 기인한 것
이다. 사랑은 위대하다. 우리의 교회가 아무리 악하게 행
동하더라도 우리는 항상 그 옆에 서서 눈물로 기도하며
권고하고 탄원하며 서로 돕는다. 왜냐하면 그리스도의 사
랑은 우리에게 '너희가 짐을 서로 지라'(갈 6:2)고 명령하
기 때문이다. 이 사랑은 이단자들의 사랑과 다르다. 이단
들은 오직 자신이 지지받기 위해 타인의 이득을 자기 것

으로 취하고, 이웃의 죄에서 비롯되는 해로운 것은 아무것
도 자기 어깨에 이지 않는다. 만일, 그리스도와 교회의 성
도들마저 저 이단들처럼 그렇게 행동하길 원한다면, 도대
체 누가 구원받게 될 것인가!"

81. 이런 뻔뻔스런 면죄부 설교 때문에 일반 신자들조차 교황을 모독하고 신랄한 질문을 던진다. 이런 상황에 제 아무리 박식한 사람이라 해도 교황의 명예를 지켜주기란 쉽지 않다.

논제 제81-91조는 논제 구성에 있어서 전형적인 '논박'(confutatio)에 해당하는 부분이다. 루터는 평신도들이 면죄부 설교자에게 묻는 형식을 통해 당대 통용되던 교황의 사면증에 대한 반론을 제기한다. 이런 논박형식을 통해 대중적으로 효과적인 호소력을 담보할 수 있었다. 제81조는 이에 대한 서론이고, 정식논박은 다음 논제인 제82조부터 "또 이렇게 묻는다"라는 도입구의 반복을 통해 전개된다.

82. 예를 들어 사람들은 이렇게 묻는다. 가장 거룩한 사랑을 베푼다는 교황이 왜 연옥을 비우지 않는가? 이는 영혼의 가장 궁극적인 요청이고 신자들의 가장 정당한 요구라고 할 수 있다. 그런데 교황은 지금 대성당 건축이라는 매우 하찮은 이유 때문에 수많은 영혼들을 돈으로 팔아넘기고 있다.

『논제해설』 제82조 전문, "이런 질문을 던지는 사람들은

교황이 아니라 로마 교황청에서 돈을 만지는 회계들이다. 내가 이전에 말했듯이 이 문제에 관한 한 교황의 교서를 어디서도 발견할 수 없다. 그러므로 이런 문제를 제기한 사람이 스스로 답해야 할 것이다. 나에게 이 문제를 묻는다면, 교황의 명예를 지키는 선에서 간단히 이렇게 답할 것이다. '어떤 문제에 대해 진상을 공개하지 않으면 잘못된 지식이 퍼져 사람들이 잘못된 사상에 굴복하는 일이 자주 일어난다.'"

83. 또 이렇게 묻는다. 연옥에서 죗값을 치른 자를 위해 기도하는 것은 온당치 않은 일인데, 무슨 이유로 죽은 자를 위해 매번 돈을 받고 위령미사와 기도를 대신 드려주는 것인가? 그것이 불의한 일인 줄 알면서도, 그런 목적의 헌금을 되돌려주거나 그 관습을 없애지 않는 이유는 도대체 무엇이란 말인가?

이에 대한 답으로 중세 신학자 가브리엘 비일(Gabriel Biel, 1420-1495)은 그와 같은 미사는 세례 받고 죽은 아이들을 위한 것이라고 설명한다(이 아이들은 연옥을 거치지 않는다). 로마 교회법에 따르면, '성인을 위한 기도'와 '저주받은 자를 위한 기도'는 교회에서 금지되어 있다.

『논제해설』 제83조 전문 "나를 비롯해 많은 사람들이 저 문제 때문에 골머리를 앓았다. 이 문제를 수도 없이 고찰했지만 답을 찾는 것 자체가 헛된 일이라는 것을 우린

모두 알고 있다. 만일 연옥에 있는 영혼들이 하늘로 올라
간다면, 그 후에 그들을 위해 우리가 드린 미사는 하나님
을 찬양하는데 기여하고 무죄한 아이들과 영아들의 죽음
에 공로로 작용한다고 말한 바 있다. 우리 모두 이 문제에
대해 매우 다양한 답변을 제시했지만 그 누구도 만족스런
답을 제시하지 못한 것이 사실이다. 끝으로 나는 이 문제
에 대해 토론하면서 나보다 더 학식 있는 자로부터 평신
도들에게까지 아우르는 답변을 끌어내려고 한다. 토론에
서 이 목적을 달성하기 위해, 나는 위의 진술이 참되다는
것을 부인하며 시작한다."

84. 또 이렇게 묻는다. 돈만 지불하면 불경건한 자와 하나님의 원수 된
영혼도 하나님의 친구요 경건한 영혼이 되도록 구해내면서, 참으로 경
건하고 사랑스런 영혼들은 구해내지 않는다. 이들의 절실한 간청을 알
고도 동일한 사랑으로 구해내지 않는다면, 이 어찌 해괴한 하나님과 교
황의 자비란 말인가?

　　　이와 같은 진술은 루터 이전 시대엔 찾아 볼 수 없는 독특
　　　하고 특별한 명제이다;『논제해설』제84조, 없음.

85. 또 이렇게 묻는다. 참회에 관한 교회법은 이미 오래전에 폐기되고
없어졌는데, 어찌하여 그 효력이 살아 있는 것처럼 사면증을 판매하는
가?

루터는 재차 교회법의 효력에 문제를 제기한다. 또한 교회
법이 사후에 영향을 미칠 수 없다는 점을 기억케 한다;
『논제해설』제85조, 없음.

86. 또 이렇게 묻는다. 오늘날 교황은 부자 중에서도 가장 부유한 부자인데, 왜 베드로 성당을 자기 돈이 아닌 가난한 신자들의 돈으로 건축하는가?

논제 제9조와 연결된다;『논제해설』제86조, "베드로 대
성당을 가난한 사람의 돈을 긁어모아 건축하는 것은 교황
의 의도가 아닐 것이다. 이는 분명히 자신의 이익을 도모
하게 위해 교황을 이용하는 자들의 소행일 것이다. 만일
이것이 교황의 의도라면 사람들이 무분별하게 저 건물을
향해 말하는 것을 이처럼 기록할 필요도 없을 것이다. 하
나님, 제가 이런 문제로부터 풀려나도록 허락해 주소서.
이런 자금의 착취는 계속되면 안 될 일이기 때문입니다."

87. 또 이렇게 묻는다. 완전한 통회로 완전한 사면을 받고 영적 보화에 참여할 권리를 얻은 사람들이 있다. 그런데 교황은 이 사람들에게 면죄부를 주면서 도대체 무엇을 사면하고, 또 어떤 보화를 주겠다는 것인가?

『논제해설』제87조 전문, "이 문제는 많은 사람들, 심지어
교회법학자들조차 죄를 사면하는 열쇠의 권세가 정확히

무엇인지 모르겠다고 말하기 때문에 제기된 질문이다. 이에 대해 나는 앞서 의견을 제시한 바 있다." '법률가들조차 사면의 효력과 한계에 대해 모호한 판국에 교황의 사면증이 도대체 무엇이란 말인가'라는 루터의 비판이다. 평신도들의 입을 빌려 제기되는 질문들은 실제로는 교황권을 향한 루터의 직접적인 비판이다.

88. 또 이렇게 묻는다. 지금 교황은 하루에 딱 한 번만 죄를 용서하고 보화를 나누어주는데, 하루에 백번 용서하고 백번 나누어준다면 교회는 얼마나 더 큰 복을 얻겠는가?

전대사(全大赦, indulgentia plenaria)로 불리는 교황의 완전 사면증의 경우엔, 평생 동안 1회, 상황에 따라서는 임종에 놓인 자에게 부여되었고, 때때로 새로운 전대사를 발행하기 위해 이전 발행된 모든 사면증들을 무효로 선언하기도 했다 『논제해설』제88조 "이 점에서 사람들은 가장 놀라운 것을 듣게 된다. 어떤 이들은 사면증으로 인해 교회의 보화가 담긴 창고가 더욱 증가된다고 여긴다. 그렇게 따지면, 한 사람이 하루에 일곱 번 사면 받으면 교회의 보고(寶庫)는 더욱 풍성해진다. 이는 로마에서 일어날 수 있는 일이다. 하지만 교황청 사람들은 스스로 모순에 빠져 있다. 왜냐하면, 그들 말대로 하자면, 사면증은 교회의 창고에서 밖으로 내보내는 것이지 수령하여 모으는 것이 아니기 때

문이다. 더욱이 사람들은 죄란 것이 줄기에서 수많은 가지
가 자라는 나무와 같아서 가지치기를 매번 해야 하는 것
처럼 사면도 그렇게 매번 받아야 한다고 말하기도 하고,
또 어떤 이들은 나무의 밑동을 자르면 모든 줄기가 자라
지 못하는 것처럼, 죄도 한 번 사면 받으면 영원히 사면되
는 것으로 생각하기도 한다. 솔직히 이에 대해 무슨 말을
해야 할지 나도 잘 모르겠다."

**89. 또 이렇게 묻는다. 교황의 사면증은 돈이 아니라 사죄를 통한 영혼
구원에 목적이 있다고 하면서, 왜 예로부터 발행된 사면증서들과 사면
선언들의 효력을 모조리 정지시키는가? 예전 사면과 지금 사면은 효력
이 다르단 말인가?**

이런 종류의 불만은 이미 제국 내에 팽배했다. 실제로 이
에 대한 내용이 1511년 제국의회에 문서(Gravamina)로 접수
되기도 했다. 이에 대해 루터는 기본적으로 교황의 결정에
대해 순복할 것을 가르치지만, 무조건적인 복종을 추구하
진 않는다. 여기서도 그는 교황의 결정에 대한 질문을 갖
는다. 통념과 관습에 대해 비판적 질문을 갖는다는 것은
곧 종교개혁의 작동원리에 속한다.

『논제해설』 제89조 전문 "내가 고백컨대, 모든 것 중에
서 나를 가장 혼란스럽고 불쾌하게 만드는 대목이 바로
여기다. 이전에 선포된 사면 선언과 사면증서들의 효력을

중지시키는 유일한 이유는 과거의 것들이 모두 무용지물이 되었다는 것으로 밖에는 설명이 안 된다. 물론, 나는 교황이 결정하고 행하는 모든 일들을 조용히 인내하며 받아들여야 한다는 것을 부인하지 않는다. 그러나 그가 행하는 바가 최선의 결정이라는 것을 입증할 방법이 없다는 점이 나를 비참하게 만든다. 그럼에도 불구하고, 교황의 결정이 그의 금전출납 관리인들과 연결되어 있지 않다는 것만 확실하다면, 나는 매우 확실하고 단호하게 교황이 최선의 결정을 한 것이라고 믿고 따를 것이다. 교회는 개혁을 필요로 한다. 교황 한 사람, 추기경 몇 명이 주도하는 그런 개혁을 말하는 게 아니다. 교황과 추기경의 개혁 의지는 최근에 열린 (제5차) 라테란 공의회(1512-1517)에서 증명되었다. 내가 말하는 개혁은 온 세상이 변하는 일, 즉 오직 하나님께서만 하실 수 있는 그런 개혁을 의미한다. 이 개혁의 시기는 오직 시간을 창조하신 하나님만 알고 계신다. 언제가 될지 우리는 알지 못한다. 그 시간이 올 동안 우리는 우리의 명백한 잘못들을 직시해야 한다. 열쇠의 권세는 남용되었고, 교회는 탐욕과 야망의 노예로 사로잡혔다. 광란하는 세대는 더욱 빠르게 심연으로 빠져 들어간다. 우리 자신의 힘으로 이것을 멈출 수 없다. '우리의 죄악이 우리에게 대하여 증거하며'(렘 14:7), 각 사람이 내 뱉은 말이 이제 무거운 짐으로 돌아오고 있다(참조, 갈 6:5)."

90. 일반 신자들이 던지는 예리하고 불편한 질문들을 정당한 이유 없이 권력으로 누르고 입막음 한다면, 그것이야말로 교황의 반대자들에겐 비웃음거리를, 그리스도인들에겐 불행한 일이 될 것이다.

이로써 루터는 교회가 투명하고 열린 공동체가 될 것을 주문한다. 후에 이와 같은 루터의 사상은 교회 내에선 만인 사제직으로, 사회적으론 민주주의 체제의 밑거름이 된다.

『논제해설』 제90조 전문, "왜냐하면 백성들이 두려움에 제어당하는 동안 더 악한 일이 전개되기 마련이기 때문이다. 만일 우리가 하나님의 진노를 이해하고 교회를 위해 기도하고 미래의 개혁을 희망하며 시련을 인내하는 방법을 배울 수 있다면, 그것이야 말로 악을 조장하고 악덕을 장려하는 일보다 훨씬 바람직한 일이 될 것이다. 그러나 지금 이 세대는 명백한 악을 미덕으로 권하는 패역한 시대이다. 하나님께서 우리를 교회 공동체로 부른 것을 기억하자. 만일 우리가 시련을 견딜 자격이 없다면 하나님은 우리에게 우리를 교회로 부르지 않았을 것이다. 오히려 하나님은 우리에게 그분의 마음을 좇아가는 목자들을 주실 것이며(렘 3:15), 그 목자들은 우리에게 면죄부 대신 때를 따라 배불리 먹이시는 양식을 나누어 주실 것이다(눅 12:42). 아직도 우리에겐 이런 선한 목자가 있다. 그러나 그런 목자가 그의 직분을 온전히 집행하기 어려운 시대이다. 이에 대한 하나님의 진노는 분명히 매섭다."

**91. 그러므로 교황의 바른 정신과 뜻에 따라 사면이 선포되었다면, 이
같은 질문들은 쉽게 해결되었을 것이다. 아니, '사면증'이라는 것 자체
가 존재하지도 않았을 것이다.**

　　루터의 견해로 보자면, 모든 문제의 해결은 원래의 근본을
찾는 데 있다.

　　『논제해설』 제91조 전문, "어떻게 그런 일이 벌어질 수
있을까! 사면증이 본래의 의미대로 형벌을 사면하는 것이
불과하고, 공로가 아니며, 선을 행하는 것보다 열등한 것
으로 진작 알려졌다면, 이에 대한 의심과 동요는 결코 일
어나지 않았을 것이다. 그것들이 과대평가되었기 때문에
아무런 답변도 못하고 스스로 망신당할 위치에 놓여버렸
다. 사면증에 대한 교황의 의도는 사면증은 사면증에 불과
하다는 것일 뿐이다."

**92. 평안이 없는 곳에서 그리스도의 백성에게 "평안하다, 평안하다" 외
치는 모든 선지자들이여, 물러갈지어다!**

　　논제 제92-95조는 결어(*peroratio*)에 해당하는 단락이다. 수
사학적으로 마지막 네 개의 논제는 매우 탁월하다고 평가
된다. 논제 제92-93조는 구약과 신약의 예언자적 메시지
를 압축시켰고, 마지막 두 논제(94-95조)는 논제 제1조에서
언급된 참된 회개의 촉구와 연결되는 수미쌍관법으로 볼
수 있다. 또한 제92-93조에 나온 이 구절은 루터가 아우구

스티누스 수도회 동료였던 미카엘 드레셀(Michael Dressel)에 게 보낸 서신(1516년 6월 23일)에서 정확히 사용되었다는 것 을 확인할 수 있다(WA BR 1:27, 38-46); 『논제해설』 제92조, 없음.

93. 십자가 없는 곳에서 그리스도의 백성에게 "십자가, 십자가" 외치는 모든 선지자들이여, 복 있을지어다!

논제 제92조와 쌍을 이루는 구절이다. 1518년 하이델베르 크 논제에서 볼 수 있는 십자가 신학의 내용적 틀은 이미 여기서도 드러난다; 『논제해설』 제93조, 없음.

94. 머리되신 그리스도를 본받아 고난과 죽음과 지옥까지 통과하는 자 가 그리스도인이다.

예를 들어, 골로새서 1:18을 보라; 『논제해설』 제94조, 없음.

95. 그러므로 그리스도인이라면, 안전하게 보장된 평화보다는 수많은 시련을 통해 하늘에 들어간다는 것을 더욱 굳건히 신뢰해야 한다.

사도행전 14:22; 『논제해설』 제95조 전문, "앞서 십자가와 형벌에 관해 충분히 언급했다. 그러나 당신은 오늘날 이에 대한 설교를 듣기 힘들 것이다."